O Reino dos Deuses

Geoffrey Hodson

O Reino dos Deuses

Tradução:
Carmen Penteado Piza
Joaquim Gervásio de Figueiredo

EDITORA
TEOSÓFICA

The Theosophical Publishing House, 1952
Adyar, Chennai, 600 020, Índia
Título do original inglês
The Kingdom of the Gods

T 133   Hodson, Geoffrey

O reino dos deuses / Tradução: Carmem Penteado Piza e Joaquim Gervásio de Figueiredo.
Brasília, Editora Teosófica, 2 ed. , 2024.

Titulo Original : The kingdom of the gods
ISBN: 978-65-990758-3-4

1.   Teosofia   2. Anjos
II. Título

CDD 212

Direitos Reservados à
EDITORA TEOSÓFICA
Sig Sul, Qd. 6, nº 1235
70610-460-Brasília-DF
Tel.: (61) 33227843
Email: editorateosofica@editorateosofica.com.br
Site: www.editorateosofica.com.br

Ilustrações: Ethelwynne M. Quail
Revisão: Zeneida Cereja da Silva
Capa: Marcos Queiroz
Diagramação: Ana Paula Cichelero
Impressão: Gráfica Papel e Cores (61) 98592-6028
Email: comercial@grafikapapelecores.com.br

Dedicatória

Com toda a minha gratidão, este livro é dedicado à falecida Ethelwynne M. Quail, que em março de 1937 fez as ilustrações a partir das minhas pesquisas. Ela também ilustrou outros seis livros sobre este mesmo assunto entre 1921 e 1929. Ainda que projetadas em *slides* em todo o mundo, essas ilustrações não foram divulgadas antes da primeira publicação deste livro em 1952.

Geoffrey Hodson

Agradecimentos

Somos reconhecidamente agradecidos pelo auxílio recebido dos teósofos de Java, Nova Zelândia e América; dos jovens teósofos da Loja Blavatsky da Sociedade Teosófica de Sidney, Nova Galles, Austrália, e do Dr. W. Davidson e seus colegas, de Chicago, que generosamente auxiliaram a cobrir o custo da publicação.

Geoffrey Hodson

"O filósofo deve ser um homem desejoso de ouvir toda sugestão, mas determinado a decidir por si. Não deve deixar-se influenciar pelas aparências; não deve ter nenhuma hipótese preferida nem ser de qualquer escola, em relação à doutrina, não deve ter mestre algum. A verdade deve ser seu objetivo primordial. Se a estas qualidades alia inteligência, ele pode certamente nutrir a esperança de transpor o véu do Templo da Natureza".

Faraday

Sumário

Prefácio..11
Introdução...17

Parte I
Fundamentos

Cap. I   Definição de Termos...19
Cap. II   A Ciência Antiga e Moderna..29
Cap. III   Os Processos Criadores...39
Cap. IV   O Homem, O Microcosmo..54

Parte II
Descrições

Cap. I   Os Deuses Maiores..65
Cap. II   As Hierarquias Angélicas da Terra..77
Cap. III   A Linguagem Colorida dos Anjos...98
Cap. IV   Os Deuses Menores...108

Parte III
Os Sephiroth

Cap. I   Os Anjos da Vontade, Sabedoria e Inteligêcia.....................145
Cap. II   Os Anjos da Beleza, da Mente e do Fogo............................150
Cap. III   Vida e Forma...156
Cap. IV   A Árvore Sephirotal...163
Cap. V   Os Sephiras Inversos e o Problema do Mal.........................180

Parte IV
Cooperação

Cap. I   O Cerimonial como um Meio de Cooperação entre Anjos e Homens 191
Cap. II   A Cooperação Angélica nas Religiões dos Maias, Hindus e Judeus 196
Cap. III   A Irradiação de Força..203

PARTE V
Ilustrações

Introdução..211
Il. 1 - Um Espírito Natural do Mar............................214
Il. 2 - Um Silfo do Mar..214
Il. 3 - Uma Salamandra...217
Il. 4 - Um Silfo da Montanha....................................217
Il. 5 - Um Senhor das Samambaias..........................220
Il. 6 - Um Senhor dos Pinheiros...............................223
Il. 7 - Um Espírito Natural da Árvore......................225
Il. 8 - Um Deus Montanhês.......................................227
Il. 9 - Um Deus Montanhês.......................................229
Il. 10 - Um Deus Montanhês.....................................231
Il. 11 - Um Deus Montanhês.....................................233
Il. 12 - Um Deus Montanhês.....................................235
Il. 13 e 14 - Um Deus Montanhês.............................237
Il. 15 - O Deus de uma Cordilheira Nevada...........240
Il. 16 - Um Deus de Paisagem..................................242
Il. 17 - Um Deus do Filão de Ouro..........................244
Il. 18 - Um Deus do Oceano Pacífico do Sul.........246
Il. 19 - Um Deus do Oceano Pacífico do Sul.........247
Il. 20 - Um Anjo da Música.......................................250
Il. 21 e 22 - Um Anjo Cor-de-Rosa..........................253
Il. 23, 24 e 25 - Três Anjos Curadores.....................256
Il. 26 - Um Anjo de Java..261
Il. 27 - Um *deva* da *Kundalinī*...................................263
Il. 28 e 29 - O Milagre do Nascimento e A Mãe do Mundo......................267

L'envoi..272
Uma Visita de Retorno a Borobudor (em 1971).....................273

Prefácio

O estudo eficiente da matéria relativa às Hostes Angélicas reintegra em seu monoteísmo essencial toda religião aparentemente politeísta. No âmago de cada grande Religião Mundial, está o conceito de uma Absoluta, Incognoscível, Infinita e Imutável Origem e Fundamento. Daqui, a intervalos regulares, emana a potencialidade da Ideação divina como a mais pura abstração. Esta é a realidade atrás do Deus Uno, embora formalizado, de todas as religiões, e principalmente do esoterismo dos Mistérios Antigos. Neste estágio do processo de Emanação do Absoluto, só existe a unidade. Nenhuma mudança posterior, nem séries de emanações sucessivas deste UNO SOLITÁRIO, alteram o fato de que a Origem manifestada é uma Mônada.[1]

Ao refletir-se a Si Mesmo no Espaço eterno, pré-cósmico e virginal, diz-se que com isso o SER ÚNICO estabelece uma díade[2] que é positivo-negativa, masculino-feminina, pai-mãe potencial na Existência única. Deve-se notar que não é concebida uma relação, mas, sim, uma "Segunda Pessoa" refletida que veio agora à existência, após o que uma lei numérica assume o governo supremo do processo de emergência ou emanação e aparecimento objetivo dos Deuses criadores, em multiplicidade.

Os aspectos positivo e negativo do SER ÚNICO reagem internamente, como um andrógino, para produzir um Terceiro objetivo. Este Terceiro não é encarado como uma unidade isolada, uma existência independente. Mônada, díade, tríada permanecem como uma trifuncionante, os três em um, além e todavia dentro do véu da Substância pré-cósmica.

Um processo irresistível foi agora iniciado. Uma força onipotente começou a emanar da Existência Absoluta. Os Três em um são propulsionados, por assim dizer, para a objetividade e a finidade. O Triplo Deus

---

[1] Mônada, do grego, significando: o Ser indivisível, a Unidade; o espírito humano eterno, imortal e indestrutível. Vide – *A Mônada*, de C. W. Leadbeater.
[2] Às vezes, incorretamente escrito: "duada".

acorda e abre Seu único olho. O triângulo de luz emite raios. Estes são invariavelmente em número de sete. Deles esplendem sub-raios, cada qual uma Força Inteligente, um *Logos*[3] criador, um Arcanjo de luz espiritual.

A Ideação divina, universal, torna-se pensamento enfocado, criativo. A Ideia simples, oniabarcante, passa pelas fases de dualidade, triplicidade e expressão setenária para as quase infinitas diversidades potencialmente presentes no pensamento primordial. O puramente espiritual torna-se, assim, manifesto, como o puramente mental, que é formativo, e pela ação incessante da força propulsora projeta suas Ideações como Arquétipos dos Cosmos, Sistemas Solares e tudo o que eles eternamente produzem.

A Lei numérica, o tempo em sucessão, os processos involucionário e evolucionário substituem a eternidade sem espaço. O Pensamento divino estabelece condições de tempo-espaço e nelas produz formas materiais que se densificam até atingir determinado limite. Daí em diante o processo se inverte todo até que o espaço e o tempo limitados desapareçam na eternidade, encerrando-se assim o grande ciclo.

As Hostes Angélicas podem ser encaradas como Inteligências ativas, criadoras e construtoras de formas de toda a criação objetiva. São manifestações do Uno, dos Três, dos Sete e todos os seus produtos. Da alvorada ao crepúsculo do Dia Criador, elas estão incessantemente em ação, como diretores, administradores, delineadores, artistas, produtores e construtores, sempre sujeitas e expressivas da Vontade Una, da Substância Una, do Pensamento Uno.

Nos aspectos exotéricos das Religiões Antigas, estes Seres, bem como os princípios subjacentes, as leis, os processos e as maneiras de manifestação da força criadora são personificados e recebem nomes e formas tradicionais. Esotericamente, contudo, estas personificações jamais foram encaradas como realidades, mas, sim, como formas de pensamento e sím-

---

[3] *Logos*, do grego, significando: a Divindade manifestada que profere o Verbo criador por meio do qual os Universos vêm à existência e vida. A expressão exterior da Causa sem Causa, que está sempre oculta. Adaptado do vol. VI de *A Doutrina Secreta* e *Glossário Teosófico*, H. P. Blavatsky.

bolos de elevados Poderes e Seres criadores. Estes símbolos foram parcialmente criados pelos Instrutores Iniciados dos povos primitivos, como auxílio às massas para as quais as abstrações não teriam nenhuma realidade. Gerações de culto lhes deram formas duráveis e concretas no mundo mental, que serviram de elos entre a mente humana e as realidades que os símbolos representavam. Estas figuras simbólicas também serviram de canais pelos quais as Inteligências reais podiam ser invocadas e espargiam Sua influência benéfica, elucidando a verdade e forças ocultas para auxílio da humanidade.

São estes os Deuses exotéricos de todas as religiões, que não devem ser confundidos com as Hostes do *Logos*, os Arcanjos ante a Face, os Sephiroth, os Anjos da Presença, os Poderosos Espíritos ante o Trono, os fisicamente invisíveis, porém Onipresentes manifestantes e artífices da única Força propulsora, pela qual todas as coisas são feitas e sem ela, nada que existe poderia existir. Do espírito da Natureza ao Querubim, todas estas Inteligências tornam manifesto o Único e Divino Pensamento – sem a intervenção da individualidade.

Tal é o fundamento sobre o qual este livro está construído. Esta é a ideia básica de todo o seu conteúdo. Esta, eu creio, é a chave de um assunto tão vasto e tão importante que sua compreensão e exposição completas são impossíveis à mente puramente humana. A negligência continuada destes ensinamentos da Sabedoria Arcana por uma raça que está sendo conduzida pela ciência, conhecimentos e uso prático de uma Força Criadora – a eletricidade cósmica, solar e planetária – da qual as Hostes Angélicas são os artífices principais e subordinados, pode levar a consequências desastrosas, das quais as bombas atômicas de Hiroshima e Nagasaki podem ser consideradas possíveis prefigurações.

Esta obra aparece quando o homem está, pois, aprendendo a libertar, fisicamente e sob seu controle, a energia atômica. A despeito de minhas grandes limitações de conhecimento e poder de exposição, é meu desejo que, junto a outras obras de maior mérito, sobre este assunto, possa este livro conduzir à investigação e final descoberta e reverência ao número além dos fenômenos e àquela Presença e Força Única na qual todas as coisas vivem, movem-se e têm sua existência.

As salvaguardas que podem proteger o homem da autodestruição pelas forças naturais que está agora aprendendo a empregar são a reverência, probidade e moralidade. Estas qualidades se encontram entre as mais necessitadas pelo homem moderno que procura confiança mundial, segurança mundial e a libertação do medo, pois só assim poderá atingir uma era rica em promessas de sublimes empreendimentos humanos, materiais, culturais, intelectuais e espirituais.

Se, além disso, há uma única ideia que emerge de um estudo dos Deuses e de uma tentativa da apresentação dos frutos de tal estudo, essa ideia parece-me ser: "O homem pode conhecer os fatos. A fé não necessita ser cega." O homem é dotado de todas as faculdades necessárias ao completo conhecimento de si mesmo e do Universo visível e invisível. Visão ampliada é uma das faculdades requeridas. Pelo seu uso e desenvolvimento, os limites do conhecimento humano podem ser gradualmente dilatados até que o número e os fenômenos sejam completamente investigados e finalmente conhecidos como unos.

Este fato é importante, porque o homem é no fundo um pesquisador, um investigador e um explorador. A vida humana é uma busca, primeiramente dos ponderáveis que pode possuir e que lhe dão prazer e segurança e que mais tarde podem ser compartilhados. Finalmente, alquebrado e frustrado pela impermanência das coisas tangíveis e visíveis, o homem se volta aos imponderáveis. Especialmente, procura ele uma convicção baseada na realidade permanente.

Guiado pelos métodos e descobertas de exploradores bem-sucedidos, eu também comecei a procurar. Conquanto pense ter vislumbrado em que consiste a última descoberta, seu atingimento ainda se acha muito longínquo. *En route*, certas experiências foram vividas, certas descobertas intermediárias foram feitas. Desde que sejam interessantes e úteis em si próprias e também tenham seu lugar no alcance da verdade última, eu as compartilho, desejando que possam informar e auxiliar outros que da mesma forma buscam.

O conhecimento, quando comprovado, vale por si mesmo. É mais valioso se pode ser aplicado ao bem-estar humano. A atual aproximação da ciência à ideia de que o Universo é produto de pensamento e propósito criadores torna valioso o conhecimento relativo ao reino da mente universal, no qual, de acordo com a investigação oculta, as Inteligências criadoras estão ativas.

A medicina moderna proclama estar na mente a causa de muitas moléstias humanas, e procura curá-las pela correção de desajustes mentais. O conhecimento dos habitantes do plano da mente e dos agentes que dirigem as correntes formativas e corretivas de pensamento pode, em consequência, ser de muito auxílio na cura da doença.

Neste livro se oferecem informações sobre este assunto. Qual é então a descoberta final, o cume do Himalaia? No coração do Cosmos está o UNO. Aquele UNO tem Seu templo e santuário no coração de cada ser humano. A primeira grande descoberta é desta Presença interior, "Eu sou o Ser assentado no coração de todos os seres".[4] Por fim a identidade com o UNO SOLITÁRIO, a absorção consciente completa, é atingida para sempre no eterno autoexistente TODO. Esta é a meta.

Da mesma maneira que uma expedição às montanhas inclui geólogos, botânicos, agrônomos e fotógrafos que observam para o serviço de outros a natureza do campo, do sopé e dos mais altos aclives que conduzem ao cume, assim o escalador das montanhas da verdade pode utilmente observar e descrever os fenômenos dos níveis, através dos quais passa. Este livro é um registro de tais anotações.

É admissível que o conhecimento relativo aos Deuses Menores e Maiores não seja essencial à redescoberta da unidade inseparável e da identidade do espírito-humano e espírito-divino, que é a meta. É admissível, também, que a não ser que seja usada como alpondras do irreal para o Real

---

[4] *Bhagavad-Gītā,* trad. Annie Besant. Ed. Teosófica, Brasília, 2010. (N.E.)

para alguns temperamentos, o interesse indevido por fenômenos externos físicos ou superfísicos pode redundar numa distração.

A mente controlada é, entretanto, capaz de dirigir sua atenção para onde quiser, e uma mente controlada é essencial para o sucesso na Grande Busca. Poucas são as grandes conquistas obtidas sem ajuda. Quase todas são alcançadas por sucessos e descobertas precedentes, que a seu tempo não foram necessariamente encaradas como conducentes a uma verdade maior. Portanto, desde que a meta final seja relembrada, um estudo dos resultados das fases intermediárias de iluminação pode ajudar, encorajar, inspirar e instruir.

O místico puro, absorvido na contemplação do Eterno Uno e no êxtase de união, não mais se interessa pelo externo. Uma vez atingida a capacidade de contemplação, nada mais é necessário. Invariavelmente, o devoto exaltado prossegue sua senda até os pés do lótus do Uno Imortal.

Os homens não são todos místicos, embora todos devam algum dia atingir a união mística, cada qual seguindo o seu próprio caminho para a bem-aventurança. Diz-se serem sete os caminhos. Num deles, em especial, e possivelmente em outros, pode ser de muito valor o conhecimento direto das forças e Inteligências da Natureza e a aquisição da faculdade de cooperação com as mesmas naquilo que algumas vezes é chamado a Magna Obra. Entretanto, se o conteúdo de uma obra como esta parece irrelevante para algumas mentes, em relação ao verdadeiro propósito da vida humana e à verdadeira natureza da indagação humana, chamaria sua atenção para as palavras de um Grande Ser: "De qualquer modo que os homens venham a Mim, Eu lhes dou as boas-vindas, pois são meus todos e quaisquer caminhos que os homens possam tomar".[5]

---

[5] *Bhagavad-Gītā*, IV, p. 11, trad. Annie Besant. Ed. Teosófica, Brasília, 2010. (N.E.)

Introdução

Um dia em que, em uma encosta na orla de uma mata de faias, em um vale isolado ao oeste da Inglaterra, eu procurava ardentemente penetrar o Santuário da vida oculta da Natureza, repentinamente, para mim, o céu se encheu de luz. Minha consciência foi arrebatada a um reino irradiante daquela luz que jamais houve em terras ou mares. Gradualmente percebi a presença de um grande Ser Angélico[6], o qual era, sem dúvida, o responsável pelo meu elevado estado. De sua mente para a minha começou a fluir uma corrente de ideias relativas à vida, força e consciência do Universo e de sua autoexpressão como anjos e como homens. Esta descrição, entretanto, não é absolutamente exata, porque durante essa comunicação o senso de dualidade esteve reduzido ao mínimo. Os dois centros de consciência, o do anjo e o meu, tornaram-se quase que coexistentes, formando temporariamente um "ser" *de cujo interior* brotavam correntes de ideias. Acredito que isto é essencialmente verídico em todos os intercâmbios que ocorrem acima do nível da mente formal, e especialmente dos níveis de Sabedoria espiritual e de Vontade espiritual. Mais tarde, a dualidade virtualmente desaparece, e a unidade, a mais íntima unidade interior, permanece.

Diariamente penetrando naquele reino de luz, descobri que o grande oceano da vida, força e alma do Universo tinham suas miríades de habitantes. São os *Eus* Espirituais dos homens e Super-homens e a vasta companhia das Hostes Angélicas, da qual o Ser que me "falava" era membro. Era sobrenaturalmente belo, majestoso, semelhante a um deus, impassível e impessoal ao mais alto grau. Como de instrutor para discípulo, começou a falar – e isto me habilitava a ter conhecimento gradualmente em crescente clareza – das Hostes Angélicas, suas Ordens e graus. Falou-me da comunhão delas com os homens, na antiga Grécia, Egito e países do

---
[6] Emprega-se o gênero masculino apenas por conveniência, pois tais inteligências são assexuais, embora de polaridade dual, variando nas diversas Ordens a preponderância de um ou outro sexo.

Oriente; do seu lugar na Natureza como Ministros do Altíssimo, e daquele grande alvorecer da criação, quando, metaforicamente, como as Estrelas Matutinas cantavam em uníssono, e como os Filhos de Deus gritavam de alegria. Falou do processo criador como a composição e execução de uma sinfonia celestial, do *Logos* como Musicista Divino e do Seu Universo como uma manifestação da harmonia celestial. Falou dos grandes Deuses que assimilam os poderosos acordes criativos em sua potência primordial e os retransmitem através de todas suas ordens, desde os mais elevados espirituais até o reino dos perenes Arquétipos, as grandes formas sonoras sobre as quais e pelas quais o Universo físico é modelado. Dali, disse, a música do "Verbo" Criador passa para os mundos inferiores, onde Hostes menores a ecoam e reecoam formativamente, construindo destarte todas as variadas formas da Natureza. Desde que o Grande Artista do Universo cria perpetuamente, a Sinfonia Criadora está sendo sempre composta e executada. Anjos e homens vivem entre harmonias celestiais, a música eterna das esferas.

    Tal, em parte, foi a visão que tive uma vez e que ainda vive em mim. Com ela veio o conhecimento de que, em sua existência real, os Deuses que outrora estiveram tão próximos do homem, não foram outros senão as Hostes Angélicas, que através de todas as grandes obscuridades raciais têm estado sempre perto, embora desapercebidas, e de que se aproxima o tempo em que novamente os Superiores Poderes e Seres Criadores, as leis pelas quais o Cosmos emerge do caos e o lugar da humanidade, no vasto processo de manifestação divina, se tornarão evidentes à humanidade. Para esse dia, foi anunciado, o homem bem pode preparar-se. A fealdade precisa ser banida, a guerra precisa ser proscrita, a fraternidade precisa reinar, a beleza precisa ser entronizada nos corações dos homens e revelada através das vidas humanas. Então, a uma humanidade unida numa fraternidade, os Deuses Elevados revelarão sua graça imortal e prestarão seu auxílio na construção de um novo mundo, em que todos os homens possam perceber e servir o Supremo como Beleza e como Verdade.

Geoffrey Hodson
Epsom, Auckland, Nova Zelândia, 1952

Parte I
Fundamentos

Capítulo I

Definição de Termos

Como neste livro são empregadas num sentido especial certas palavras não familiares, e são apresentadas certas ideias com as quais a maioria dos leitores ocidentais não está familiarizada, o primeiro Capítulo consiste em uma definição de termos e breve exposição da base filosófica sobre a qual o livro se fundamenta.

A Divindade

Na Filosofia Oculta, o Poder Deífico do Universo não é considerado como um Deus pessoal. Ainda que imbuído de inteligência, não é *um* Intelecto. Ainda que utilizando a Vida Una como veículo, não é Ele próprio uma Vida. A Deidade é um Princípio inerente na Natureza, tendo Suas extensões além do reino das formas manifestadas, no entanto tênues.

A Imanência de Deus não é pessoal, nem é a Transcendência. Cada qual é uma expressão no tempo, espaço e movimento de um Princípio impessoal, o qual é eterno, onipresente e está em repouso.

A Finitude é essencial para a manifestação DAQUILO que é Infinito. Ideias, ritmos e formas são essenciais para a expressão DAQUILO que é Absoluto. Deus, então, pode ser melhor definido como Infinito e Absoluto, feito manifesto através de formas finitas. Tal manifestão nunca pode ser singular ou até mesmo apenas dual; ela deve sempre ser primeiramente tripla e secundariamente sétupla. Ponto, circunferência e raio; poder, receptor e transportador; conhecedor, conhecido e conhecimento; esses devem sempre constituir a triplicidade básica sem a qual o Absoluto jamais pode produzir finitude, por mais sublime que seja o nível.

A criação, portanto, envolve uma mudança de uma unidade para uma triplicidade. Para se tornar muitos, o Uno precisa primeiro tornar-se três. As possíveis combinações de três são sete. Continuação do avanço da unidade para a diversidade inevitavelmente envolve passagem através de sete modos de manifestação e expressão daquilo que essencialmente é um. Assim, as divisões surgem no Único. Assim os seres surgem dentro da Vida Una e as inteligências aparecem dentro da Mente Universal, tudo inerente ao Todo.

Da Trindade, o ponto é o mais alto por causa da Fonte. Do Sétimo, a Trindade é a mais elevada por causa do pai[7]. Assim a hierarquia existe quando a manifestação ocorre. As hierarquias dos pais dão à luz os filhos em uma escala descendente próxima à Fonte Original. Seres imanados, em ordem hierárquica, inevitavelmente vêm à existência quando o movimento primeiro ocorre NAQUILO que de si mesmo ainda.

Absoluto repouso implica absoluto movimento, os dois termos sendo sinônimos. O Absoluto, entretanto, pode ser ambos, repouso e movimento, mantendo-se Absoluto. O finito está contido no Absoluto, que, por sua vez, envolve e permeia o finito. Por causa disso, os seres consideraram o Absoluto como divino e deram-lhe o nome de Deus.

A adoração da Fonte que tudo permeia e tudo abrange é a verdadeira religião. Reverenciar a Fonte onipresente e estar em conformidade com Suas leis de manifestação é a verdadeira prática religiosa. Conceber a Fonte de todos como uma pessoa, ainda que exaltada, e dar a ela atributos humanos, não é a religião verdadeira. Reverenciar aquela falsa concepção e viver com medo de suas vinganças não é a verdadeira prática religiosa.

Existência absoluta e lei absoluta – essas são as mais elevadas existências e portanto merecem ser estudadas e reverenciadas pelo homem. A existência finita e a lei finita não são as mais elevadas existências e portanto não merecem o título de "Deus". Elas não têm descendentes e elas não são a Origem, são secundárias e não primárias, e sua elevação para a primeira classificação somente levará à confusão e ao desânimo.

---

[7] No original em inglês: *parent*; no contexto, podendo também ser traduzido por: origem, fonte. (N.E.)

O homem moderno precisa se emancipar da ilusão e da adoração a algo pessoal, e portanto finito, Deus, e substituir, então, por Poder e Lei Deífico impessoais e infinitos, com a Vida Deífica, tal qual o essencial Terceiro.

A Vida Deífica é o veículo do Poder Deífico, e a Lei Deífica regula as suas expressões combinadas. Pela instrumentação da Vida, portanto, todas as coisas foram verdadeiramente feitas. A Vida é o Criador, Sustentador e o Tranformador do Cosmos. A Vida deve ser reverenciada em todas as Suas manifestações, e tal reverência da Vida onipresente e sempre ativa é a verdadeira religião.

O que é a vida, então, para o intelecto humano? Como pode a Vida Deífica ser concebida, percebida e adorada – este é o supremo problema. A Vida pode ser concebida como a alma da forma, e a sua relação pode ser comparada com a do Sol e o Sistema Solar. A diferença entre as duas relações é que a Vida é onipresente e o Sol tem uma localização fixa, mesmo que os seus raios permeiem o Universo. A Vida não emana raios; pois como a fonte interna da existência, Ela tudo permeia e tudo penetra.

A Vida é benéfica na medida que tudo sustenta. Sem isso, nada do que existe poderia existir. Ela é a Alma-Pensamento, a Inteligência Espiritual de toda a Criação. É o veículo para o Poder imbuído de pensamento ideativo, a Vida é a essencial única para a existência, a evolução e a transfiguração. A Vida, então, é Deus e Deus é a Vida.

O termo "Deus" abrange toda a Natureza, física e superfísica, o impulso evolucionário comunicado a ela e a irresistível força criadora que mantém o atributo de autorreprodução e a capacidade de expressá-la indefinidamente. Este conceito da Divindade inclui as Inteligências criadoras – os Elohim – que dirigem as manifestações e as operações de uma força criadora, pensamento ou Ideação divina de todo o Cosmos, desde o seu início até o final, e o "som" da "Voz" Criadora pelo qual esta Ideação é impressa na matéria do Cosmos. Todos estes, com todos os germes e todos os seres, forças e leis, inclusive aquela lei originária da harmonia, constituem a totalidade da existência a que nesta obra é dado o título de "Deus".

Se uma tão vasta síntese pode ser designada como um Ser, então esse Ser é tão complexo, tão oniabarcante que ultrapassa a compreensão da mente humana e a possibilidade de restrição a qualquer forma simples: porque a ideia de Deus inclui a Lei Eterna, a Vontade Eterna, a Mente Eterna e a Vida Eterna.

Na manifestação, "Deus" é objetivamente ativo. Na imanifestação, "Deus" é quiescente. Atrás da atividade e do repouso está AQUILO que é eterno e imutável, o Absoluto, o Eu Autoexistente. O Agente Criador designado na cosmogonia do Universo por vários nomes é a expressão ativa deste eterno, incompreensível Ser Único.

Os nomes "Deus" e "*Logos*" são assim empregados neste livro para designar um Ser Divino, onipresente, como a Força Vivificadora Universal, Vida Subjacente e Inteligência Diretora no interior de toda substância, de todos seres e coisas, de nada separado. Este Ser se manifesta em todo o Sistema Solar como Lei, Poder, Sabedoria, Amor e Verdade, e como Beleza, Justiça e Ordem Divinas.

O *Logos* Solar é considerado ao mesmo tempo como imanente e transcendente de Seu[8] Sistema Solar, do qual Ele é o tríplice Criador, Sustentador e Regenerador de todos os mundos e o Pai Espiritual de todos os seres.

Seja como Princípio ou Ser, Deus tem sido concebido sob muitos aspectos e como representando muitos papéis. As antigas Cosmogonias egípcia, helênica, hebraica, hindu e cristã O representam trazendo Seus mundos à existência por meio do poder criativo do som. No Cristianismo, nos é dito: – "No princípio era o Verbo, e o Verbo estava com Deus, e o Verbo era Deus."[9] Então Deus falou, e em seis épocas criadoras ou "dias", cada qual seguida de um período de repouso ou "noite", vieram à existência todos os mundos, todos os reinos da Natureza e todos os seres. Como resultado desta projeção de energia criadora como som, apareceram for-

---

[8] Neste caso, também o masculino é usado somente por conveniência, sendo o Divino Princípio. É considerado igualmente como masculino, feminino e andrógino, Pai, Mãe e Filho, no único Poder Supremo.
[9] *João*, I, 1.

mas expressivas do divino Intento criador, corporificações da Vida divina e veículos para a Inteligência divina. Assim, Deus pode ser concebido como Compositor Celestial, Músico Divino, perpetuamente compondo e executando Sua sinfonia criadora, com seu tema central e miríades de variações. Este conceito de criação pela Voz, conhecido como a doutrina do *Logos*, importante no estudo do assunto dos Deuses, é desenvolvido nos últimos capítulos deste livro.

Deus também tem sido poética e misticamente descrito como o Dançarino Divino. A Natureza – com todos os seus variados impulsos rítmicos, inclusive o cíclico giro dos planetas ao redor do Sol, as mudanças terrestres, o fluxo de rio, quedas d'água e riachos, o incessante movimento das ondas oceânicas, o balançar das árvores e flores, as sempre cambiantes formas do fogo e da chama, os movimentos dos elétrons ao redor de seus núcleos – é concebida, principalmente no Hinduísmo, como parte da grande dança do Supremo, pela qual todas as coisas são criadas e sustentadas.

Também, Deus tem sido retratado, de várias maneiras, como Dramaturgo, tendo como palco o Sistema Solar, no qual é representado o drama da vida; como um Tecelão, cuja multicolorida tapeçaria, a Natureza com todos os seus filhos, é tecida no tear do tempo e do espaço; como Jardineiro, com as Hostes Angélicas como cultivadoras, sendo o Universo o Seu jardim, semeado de todas as espécies de sementes de Sua própria criação e cada uma delas destinada a produzir o Seu fac-símile. Além disso, é considerado o Arquiteto e Artífice, Geômetra e Cientista, Mago e Ritualista, tendo o Universo como um templo de muitos santuários no qual rituais criativos são perpetuamente executados. Uma concepção mais elevada ainda O revela como Rei Espiritual, Imperador Divino, e governando o Seu Império Solar através da Sua hierarquia de ministros. Todos os seres são Seus súditos, sobre os quais Ele reina com perfeito conhecimento e absoluta sabedoria. Ele é tudo isso, e sem dúvida, muito mais ainda – Criador, Preservador e Transformador do Universo, Pai Espiritual de todos os seus habitantes.

"A ideia do homem sobre Deus é a imagem de luz ofuscante que o homem vê refletida no côncavo espelho de sua própria alma, e esta imagem ainda não é o verdadeiro Deus, mas apenas o Seu reflexo. A Sua glória ali está, mas é a luz de seu próprio Espírito que o homem vê, e é tudo o que ele pode contemplar. *Quanto mais límpido o espelho, mais brilhante será a divina imagem.* Porém, o mundo externo não pode ser observado nessa imagem, simultaneamente. No estático Iogue, no Vidente Iluminado, o espírito irradiará como o Sol meridiano; na degradada vítima da atração terrestre, o esplendor desapareceu, porque o espelho está obscuro com as manchas de matéria". [10]

O Plano Evolucionário

Destes conceitos da Divindade transparece inevitavelmente a ideia de um propósito divino, de um grande plano. Em todo este livro esse plano supõe evolução, mas não apenas da forma. A palavra "evolução" é aqui empregada indicando um processo dual em sua operação, tanto espiritual como material, e é antes dirigida do que puramente natural ou "cega". Entende-se que este processo consiste de UM contínuo desenvolvimento da forma, acompanhado de uma expansão complementar e paralela da consciência dentro da forma.

Ainda que o homem não possa ter conhecimento completo do plano evolucionário, ele aprende de seus Superiores, Sábios e Instrutores Espirituais de todas as épocas, que a finalidade disso é despertar e dar pleno desenvolvimento ao que é latente, potencial, germinal. A Vontade divina, a Sabedoria divina, o Intelecto divino, a Beleza divina, tudo isso está latente em todos os germes macrocósmicos e microcósmicos. O aparente propósito pelo qual o Universo vem à existência é transformar potencialidades em poderes ativamente manifestados.

Na Terra, por exemplo, para cada um dos reinos da Natureza há um padrão ou ideal, que é dual como o processo evolucionário. O ideal para a consciência no reino mineral é a percepção física, e para a forma, a solidez e beleza. Para a consciência da planta, o ideal é a sensibilidade, capacidade

---

[10] *Ísis Sem Véu*, Vol. I, Editora Pensamento, São Paulo. (N.E.)

de sentir, e para a sua forma, beleza. Para a consciência animal, é a autoconsciência do sentimento e do pensamento, e para a forma animal, é a beleza. Para o homem, a meta evolucionária é o completo desenvolvimento e a expressão de seus inerentes poderes divinos – da vontade à onipotência, da sabedoria à onipresença, e do intelecto à onisciência. No homem "perfeito" ou Adepto, estes poderes estão expressos em uma unidade plenamente consciente, e portanto, em perfeita cooperação com o Criador de todas as coisas, na execução de Seu plano.

Atingida a perfeição humana, apresentam-se os ideais super-humanos. Como humanos, apenas podemos conceber a natureza desses ideais com o auxílio da analogia e com o pouco que em nossos dias os próprios Super-homens nos permitiram saber. Nós podemos conceber estes ideais como: compor e executar perfeitamente com Deus a grande sinfonia da criação: produzir e representar com Ele o drama da vida; tecer com Ele e para Ele contribuindo conscientemente para a perfeição do Seu grande desígnio; cultivar com Ele o Seu jardim, cuidando de Suas plantas para plenitude de sua floração; administrar como Chefes de Departamentos a organização que é o Seu Sistema Solar; construir com Ele o seu templo do Universo e, como Oficiais Principais, executar os grandes rituais da criação; servir como Regentes e Ministros nos governos Solar e Planetário, através dos quais Ele, como Imperador Solar, administra Seus vastos domínios sob as estrelas. Este é, em parte, podemos admitir, o plano de Deus para os Super-homens, e certamente para todos, desde que atingir a super-humanidade é o destino de todos:

> "este longínquo acontecimento divino para o qual toda a criação se movimenta."

A Criação

A emergência e subsequente desenvolvimento de um Universo e seu conteúdo são considerados na Ciência Oculta mais como um processo de emanação guiado por Forças Inteligentes sob Lei Imutável, do que o resultado de um ato de criação, seguido da evolução natural. A criação ou emergência de Universos do nada não é um conceito aceitável; todos são encarados como emanados de uma Fonte que tudo contém e sem Origem. Esta Fonte é encarada como trina, consistindo do espírito pré-cósmico, da matéria pré-cósmica e do movimento eterno. Na parte II deste livro se expõe esta doutrina.

A Vidência

Como parte do desenvolvimento do intelecto humano até a onisciência, em uma determinada etapa da evolução humana ocorre o desenvolvimento da faculdade de clarividência totalmente consciente e positiva. Esta implica em uma extensão do alcance normal da resposta visual, que pode ser acelerada pelo autotreinamento, incluindo não só os raios ultravioletas, como ainda, além deles, a luz dos mundos superfísicos. O mecanismo da visão supersensória e o processo de seu desenvolvimento são referidos na parte descritiva que acompanha a Ilustração 28. É importante diferenciar entre o psiquismo passivo do médium e mesmo a percepção extrassensorial (PES) da parapsicologia[11] e a clarividência positiva do estudante de Ocultismo. Esta última, completamente sob o controle da vontade e usada em total consciência vigílica, é o instrumento de pesquisa com o qual durante os últimos trinta anos tenho tentado penetrar e explorar o Reino dos Deuses.

Os Deuses

Este termo é usado em todo o livro para denotar não as imagens simbólicas às quais foi dado esse título pelos povos antigos, porém Ordens hierárquicas de Inteligências, totalmente diferentes do ser humano neste Sistema Solar, mas que já foram ou serão humanos. Informações relativas

---

[11] Ver os escritos de J. B. Rhine, Ph.D, Professor de Psicologia, Duke University, N. Carolina, nos Estados Unidos, especialmente *The Reach os Mind*, Faber, Londres, *The Journal of Parapsichology*.

às suas imensamente variadas natureza e função formam o material do terceiro Capítulo da Parte I deste livro, e dos capítulos subsequentes. A Parte V consiste de ilustrações e descrições de vários tipos de Deuses, tais como me apareceram quando tentava estudá-los por meio da visão ampliada.

Os povos orientais, bem como numerosos membros de celtas e outras raças naturalmente psíquicas, estão familiarizados com a ideia da existência dos Deuses. No Oriente, eles são denominados *devas*, uma palavra sânscrita que significa "seres brilhantes" e referente à sua aparência luminosa. Eles são considerados agentes onipresentes e superfísicos da Vontade Criadora e diretores de todas as forças, leis e processos naturais solares, interplanetários e planetários.

Neste livro, para estes seres é empregado, de preferência, o termo "Deuses". O termo cabalístico "Sephira" é empregado na Parte III. Ocasionalmente aparece *deva*, bem como o seu útil adjetivo *dévico*, que se aplica igualmente a Arcanjos, Anjos e espíritos da Natureza. Certos tipos de Deuses, mais intimamente associados com o homem do que com a Natureza, são designados como "anjos", sendo os quatro termos usados como sinônimos. Os três principais estágios do desenvolvimento *dévico* têm suas próprias denominações. Os Espíritos da Natureza, como os animais e pássaros, são impulsionados por uma alma grupal compartilhada com outros do mesmo gênero. Deuses, Sephiras, *devas* e anjos evoluíram da alma-grupo para separadas individualidades, tal qual o homem. Os Arcanjos, especialmente, transcenderam as limitações da individualidade, e penetraram na consciência cósmica ou universal, tal qual o Super-homem ou Adepto.

* * * * *

Antes de prosseguir em uma exposição mais completa da natureza, funções e atividades dos Deuses, ofereço uma resposta àqueles que muito naturalmente perguntarão: "Onde está a prova da existência deles?" Não pode haver nenhuma prova concreta e demonstrativa dos frutos da experiência mística. Da evidência dos estudos místicos de consciência, nos quais as faculdades supersensíveis podem agir, e da existência dos mundos superfísicos e seus habitantes, há abundância de provas. O mais universal e permanente desta evidência é o folclore de todas as nações. Em todas as épocas de que há registro, os homens têm dado testemunho de sua percepção de forças, fenômenos e seres normalmente invisíveis. A despeito de uma grande separação, tanto no tempo, como no espaço, há uma notável semelhança entre os mitos, as lendas e o folclore dos vários povos do mundo. Esta universalidade, similaridade e persistência através das idades da crença nos Deuses e no reino dos Deuses é forte evidência, acredito, da existência de um ponto de realidade dentro desta crença, uma base do fato em que o folclore se fundamenta.

Somado a isso, há o testemunho daqueles que fizeram ciência e arte do processo de autoiluminação, chamado no Oriente de "*Yoga*". Os seguidores da maior e mais antiga das ciências, a ciência da Alma, afirmam que a ampliação dos poderes de visão e audição e o domínio das forças, primeiramente de nossa própria natureza e depois da própria Natureza, podem ser adquiridos, deliberada e conscientemente. Qualquer um, dizem eles, que tenha preenchido as condições necessárias e obedecido às leis, tão exatas em suas operações como as aplicadas pelo químico no seu laboratório, pode penetrar o véu de matéria que normalmente encobre a visão das realidades eternas e espirituais, como o véu do dia oculta o brilho permanente das estrelas.

Só na experiência e investigação individuais se pode encontrar a prova. Mesmo que a demonstração seja considerada impossível, não o é o teste pela pesquisa pessoal. Este teste foi o que tentei aplicar, e este livro é em parte o registro de minhas próprias descobertas. Conquanto todos tenham o direito de objetar, creio que somente aqueles que tenham investigado e experimentado de maneira semelhante, têm o direito de negar.

Capítulo II

A Ciência Antiga e Moderna

O Átomo da Ciência

As declarações de alguns cientistas modernos, relativamente à natureza e construção da matéria universal, coincidem muito de perto com os ensinamentos da Filosofia Oculta através dos séculos. A pesquisa da verdade, dirigida no tempo atual pelos cientistas físicos, está conduzindo a concepção materialista para a transcendental. O conceito mecânico dos fenômenos científicos está sendo abandonado, e o método de explicá-los pela construção de modelos está sendo tomado mais como obstáculo que propriamente como auxílio à compreensão. Em uma geração a ciência física deu as costas ao conceito mecânico e a tais modelos. *Sir* James Jeans diz:

> "Uma revisão da física moderna mostrou que todas as tentativas de modelos ou ilustrações mecânicas falharam e devem falhar. Porque um modelo ou ilustração mecânica deve representar as coisas como acontecendo no espaço e no tempo, enquanto que se tornou claro, recentemente, que o processo final da Natureza não ocorre e nem tampouco admite representações no espaço e no tempo." [12]

É viva ainda a memória de proeminentes homens de ciência que proclamavam que na matéria se tinha de encontrar a promessa da vida. Esta afirmativa foi depois anulada. O átomo, como uma partícula material, tem sido passível de subdivisão. Sabe-se agora que toda substância é composta de separadas unidades de eletricidade de polaridades diferentes, semelhantes a minúsculos grãos de areia. A estrutura de todos os átomos é considerada presentemente como similar. Sua forma pode ser tomada como esférica e sua massa está concentrada no seu centro. Este núcleo é composto de nêutrons e prótons, sendo os primeiros neutros ou partículas

---
[12] *Physics and Philosophy*, p. 175.

descarregadas, e os últimos carregados de partículas de eletricidade positiva; está cercado por um campo elétrico formando um sistema planetário de partículas negativamente carregadas chamadas elétrons, que se movimentam em trajetórias ou órbitas circulares ou elípticas.

O conceito relativamente simples do átomo, no qual todos os prótons e nêutrons estão no núcleo e todos os elétrons fora dele, não é de maneira alguma final. Estão surgindo provas de existência de outras partículas elementares. Enquanto o Universo todo é considerado como composto de átomos e cada átomo conhecido até agora como consistindo de combinações das partículas básicas acima relacionadas, outros tipos de partículas têm sido descobertos. Um deles é o pósitron ou elétron positivo, o qual tem a massa de um elétron. Suspeita-se que o nêutron seja um par próton-elétron, uma estreita combinação de prótons e elétrons. O méson, considerado por muitos como sendo o agente de coesão em toda a substância, foi descoberto nos raios cósmicos.

Estas descobertas de prótons e nêutrons nos núcleos estão conduzindo diretamente ao conceito oculto da ciência, de que toda matéria é uma forma de energia extremamente concentrada, "cristalizada" ou "congelada". A equação de Einstein, cuja exatidão foi depois evidenciada pela bomba atômica, é $E = MC^2$, tendo E como a energia em ergs, M a massa em gramas e C a velocidade de luz em centímetros por segundo. *Sir* James Jeans em *Physics and Philosophy*, escreve:

> "Para os materialistas, o espaço estava cheio de partículas reais, ativando umas sobre outras energias que eram elétricas ou magnéticas ou gravitacionais em sua natureza; estas dirigiam os movimentos das partículas e assim eram responsáveis por toda a atividade do mundo. Estas energias eram sem dúvida tão reais como as partículas que elas moviam.

> "Mas a teoria física da relatividade mostrou agora que as energias elétricas e magnéticas não são reais; são meras construções mentais nossas, resultantes mais de nossos esforços mal dirigidos para entender os movimentos das partículas. Dá-se o mesmo com a energia newtoniana da gravitação e com a energia, momento e outros conceitos que foram introduzidos para nos ajudar a entender as atividades do mundo."

A ideia da estrutura da matéria torna-se, assim, cada vez mais abstrata. O próprio elétron, por exemplo, não é encarado somente como um separado corpo esférico movendo-se em trajetórias geométricas. Uma outra maneira de figurar as partículas é como ondas que se concentram em volumes correspondentes, ou concêntricas, a essas trajetórias. Este conceito é antes – por estranho que pareça à mente leiga – "mais análogo a um ruído propagado a toda uma região... uma espécie de tumulto no éter, mais intenso em um certo ponto e caindo muito rapidamente em intensidade à proporção que nos afastamos desse ponto." (*The ABC of Atoms*, Bertand Russel)

A Ciência Oculta acrescenta a isso a existência de "apenas uma indivisível e absoluta Onisciência e Inteligência no Universo, e esta vibra em toda a parte, em cada átomo e ponto infinitesimal do Cosmo inteiro... Há um plano na ação de forças aparentemente as mais cegas." (*A Doutrina Secreta*, Vol. I) "Cada partícula chamemo-la orgânica ou inorgânica, – uma vida". "O sopro celeste, ou melhor, o sopro de Vida... está em cada animal, em cada partícula animada, em cada átomo mineral". Este sopro de Vida é definido como Eletricidade Cósmica, a Força que formou o Universo, o númeno de "manifestações como luz, calor, som, adesão e o 'espírito' da ELETRICIDADE, que é a VIDA do Universo." Para o ocultista a Vida Una é uma realidade objetiva: "Nós falamos de uma escala setenária de manifestação, que começa no topo mais alto com a CAUSALIDADE Incognoscível, e termina como Mente e Vida Onipresentes, imanentes em cada átomo da Matéria.

A Mente Universal

O ensino oculto da existência de uma Inteligência Diretora Universal encontra apoio de certos cientistas, se não de todos. *Sir* James Jeans em *The Mysterious Universe* escreve:

> "Nós descobrimos que o Universo mostra evidência de um poder previsor ou controlador que tem qualquer coisa em comum com as nossas próprias mentes ...". (p. 137)

"O Universo pode ser melhor configurado... como consistindo de puro pensamento, o pensamento do que, por falta de uma palavra mais ampla, devemos descrever como um pensador matemático". (p. 124)

"Um pensamento ou uma ideia não pode existir sem uma mente na qual exista. Podemos dizer que um objeto existe em nossas mentes enquanto somos conscientes dele, mas isso não explicará a sua existência durante o tempo em que dele não somos conscientes. O planeta Plutão, por exemplo, existia muito antes de qualquer mente humana suspeitá-lo, e sua existência era registrada em chapas fotográficas muito antes de qualquer olho humano tê-lo visto. Considerações como estas conduziram Berkeley a postular um Ser Eterno, em cuja mente todos os objetos existiam... A ciência moderna me dá a impressão de conduzir, por um caminho muito diverso, a uma conclusão não de todo diferente". (p. 125-6)

Sir Arthur S. Eddington afirmou:

"Algo Desconhecido está fazendo não sabemos o que – isto é o que alcança a nossa teoria... A física moderna eliminou a noção da substância... A mente é a primeira e mais imediata coisa em nossa experiência... Encaro a Consciência como fundamental. Encaro a matéria como derivação da Consciência... Já se foi o velho ateísmo... A religião pertence ao reino do Espírito e da Mente, e não pode ser abalada".

J. T. Sutherland, escrevendo em *The Modern Review* (de Calcutá) em julho de 1936, cita o seguinte:[13]

Einstein: "Eu creio em Deus... que Se revela na harmonia ordenada do Universo. Eu creio que a Inteligência está manifestada em toda a Natureza. A base do trabalho científico é a convicção de que o mundo é uma entidade ordenada e compreensível e não uma coisa ao Acaso".

J. B. S. Haldane: "O mundo material, que tem sido tomado por um mundo de Mecanismo cego, é em realidade um mundo Espiritual visto muito parcial e imperfeitamente. O único e real mundo é o Espiritual... A verdade é que nem a Matéria, nem a Força, nem qualquer coisa física, mas a Mente, personalidade, constitui o fato central do Universo".

---

[13] Citado do *The Essencial Unity of all Religions* (p. 22, 23, 24) por Bhagavan Das, M. A., D. Litte Benares e Allahabad Universities.

Kirtley F. Mather, geólogo, Harvard: "A mais estreita aproximação que conseguimos da Causa Final em nossa análise de Matéria e de Energia indica que a Realidade Universal é a Mente".

Do mesmo modo, em psicologia, o cérebro não é mais considerado um modelo satisfatório da mente, um mecanismo de partículas concretas que constituem toda a mecânica do pensamento. O cérebro é agora tomado por muitos como um instrumento, e o pensamento como uma energia separada que o impele.

A Conferência do Dr. Kennedy A. Walter Suiter, Buffalo, de 29 de abril de 1941, publicada no *New York State Journal of Medicine*, em 15 de outubro de 1941, continha o seguinte, reproduzido em *Main Currentes in Modern Thought*[14], novembro de 1941:

> "... A noção do 'espaço-vazio' ou 'espaço-etéreo' está atualmente abandonada, e a Natureza é agora tida como Energia, modelada em Mundos, bem como em cada galho, pedra ou porção de vida neles. O homem se torna assim uno com o seu ambiente, que o penetra totalmente e dentro do qual se expande enormemente; nascido à sua maneira, ele toma seu único padrão como uma oportunidade momentânea para experiência; uma corrente de continuidade criativa, com objetivo.
>
> "Em qualquer lugar onde exista vitalidade, há um objetivo. Uma consciência primitiva existe como "propósito" em toda célula vivente e organizada como estrutura; esta mente primitiva torna-se especializada, camada sobre camada, supersegmento sobre supersegmento em reflexos complicados, depois em instintos mais complicados, e mais tarde em sentimento e tons emocionais ainda mais complexos, integrados e canalizados para a expressão através de tálamos e hipotálamos. Finalmente foi adicionado o neopálio, o novo cérebro cada vez mais requintadamente integrado – uma concatenação de uma tão ordenada representação e veloz atividade que através dela o poder primitivo pode finalmente aparecer mesmo como o dom de discernimento crítico. Lentamente, também, este primitivo poder celular é destilado em um senso de relação espacial e temporal. Até a presente época evolucionária, o mais elevado produto desta Energia de Origem Cósmica, captada, especializada, focalizada é

---

[14] F. Kuntz, Editor e Publicista, 12 Church Street, New Rochelle, Nova Iorque, 10805, U.S.A.

nossa autoconsciência, autodireção, poder de conjecturar, poder de imaginação especulativa, a qual quase nega o próprio Universo como Limite – todo irradiado, implementado, e às vezes perturbado pela Emoção."

"O propósito é mediado pelo protoplasma. A nossa consciência é uma enorme amplificação do propósito tão primitivo como o tropismo[15] e está sendo levada à sua mais elevada forma e focalizada para seu maior benefício, pelo artifício do simbolismo e da imagem, assim como da invenção do instrumento da fala. Este destilamento da consciência é assim enfocado em autoconsciência. Tal conquista nada mais é que o florescimento do intento, impulso e propósito inatos, e parte e parcela de cada célula em nossos corpos."

Com referência ainda ao artigo de J. Sutherland, encontramos as seguintes citações:

Robert A. Milliken, físico, Instituto de Tecnologia, Pasadena: "Deus é o Princípio Unificador do Universo. Nenhuma outra concepção mais sublime foi apresentada à mente do ser humano, do que a da Evolução, quando ela O apresenta como Se revelando a Si Próprio através de idades sem conta, durante milenar insuflação de vida na Matéria constituinte, culminando no homem com sua natureza Espiritual e todos os seus poderes semelhantes a um Deus".

Sir James Arthur Thomson (*The Great Design*): "Em todas as partes do Mundo de Vida Animal existem expressões de alguma coisa análoga à Mente em nós próprios. Há, a partir da ameba, uma corrente de vida interior e subjetiva; ela pode ser somente um pequeno córrego, mas algumas vezes é uma forte corrente, Ela sente, imagina, planeja, bem como às vezes pensa. Também inclui o Inconsciente".

Da natureza e da origem destas forças pouco tem dito a ciência até agora, mas o movimento do pensamento científico se afasta do concreto e se dirige para abstrato. Este é paralelo à evolução da inteligência humana, cuja

---

[15] Fenômeno observado em organismos vivos de um movimento de se aproximar ou se afastar de um foco de luz, reação de estímulo.

direção, através do analítico e do concreto, se encaminha para o desenvolvimento das faculdades de sintetização e pensamento abstrato. Como uma ilustração disso, está começando a surgir a ideia de que o próprio tempo é tipicamente uma espécie de matéria de que o mundo físico está construído. Nesta sondagem dos fenômenos externos, em sua profundidade, o cientista e o matemático se entrincheiram atrás de símbolos e equações como seus únicos recursos para expressar suas descobertas. A substância sólida se derreteu em uma sombra. Só permanecem as equações matemáticas e as forças fluentes.

Qual será o próximo passo? As últimas declarações, como as indicadas pelas citações acima, mostram que alguns homens de ciência – certamente não todos – estão começando a postular a mente como a realidade última. *Sir* James Jeans também diz em seu livro *The Mysterious Universe*:

"Para minha mente, as leis às quais a Natureza obedece são menos sugestivas do que aquelas às quais a máquina obedece em seu movimento, do que aquelas as quais o músico obedece escrevendo uma fuga ou um poeta compondo um soneto. O movimento dos elétrons e dos átomos não se assemelham menos aos das peças de uma locomotiva do que aos dos dançarinos em um cotilhão. E se a 'verdadeira essência das substâncias' é para sempre incognoscível, não há importância se o cotilhão é dançado em um baile da vida real, ou em uma projeção cinematográfica, ou em uma história de Bocácio. Se tudo isso é assim, então o Universo só pode ser melhor retratado, ainda que muito imperfeita e inadequadamente, como *consistindo de pensamento puro, o pensamento de que, por falta de uma palavra mais ampla, precisamos descrever como um pensador matemático*."

"...no estilo majestoso e sonoro de uma época já passada, ele (Berkeley) resumiu sua filosofia nestas palavras:

"Todo o coro do Céu e decoração da Terra, em uma palavra, todos estes corpos que compõem a poderosa estrutura do mundo não têm nenhuma substância além da mente... Enquanto não são realmente percebidas por mim, ou não existem em minha mente, ou na de algum outro espírito criado, elas não devem ter nenhuma existência, ou então subsistem na mente de algum Espírito Eterno".

"Hoje há uma grande concordância, no que diz respeito ao lado físico da ciência, quase chegando à unanimidade, de que a corrente do conhecimento está se encaminhando para uma realidade não mecânica; *o Universo começa a assemelhar-se mais a um grande pensamento do que a uma grande máquina.* A mente não aparece mais como uma acidental intrusa no reino da matéria; começamos a suspeitar que devemos antes exaltá-la como a criadora e dirigente do reino da matéria – não certamente as nossas próprias mentes individuais, mas a mente em que os átomos de onde provieram nossas mentes individuais existem como pensamentos..."

"Descobrimos que o Universo mostra evidência do poder planificador ou controlador que tem algo em comum com as nossas próprias mentes individuais – não, tanto quanto descobrimos, emoção, moralidade ou apreciação estética, mas a tendência de pensar de uma maneira que, por falta de uma palavra melhor, descrevemos como matemática. E enquanto muita coisa nele pode ser hostil aos apêndices materiais da vida, é também análogo às atividades fundamentais da vida; nós não somos tão estranhos ou intrusos no Universo, como primeiramente pensávamos. Aqueles átomos inertes na lama primária, que primeiro começaram a prenunciar os atributos da vida, estavam se pondo mais, e não menos, em acordo com a natureza fundamental do Universo."

Isso bem poderia ter sido escrito por um expoente da filosofia oculta, se lhe fosse acrescido o conceito de Inteligências individuais, corporificações Arquiangélicas e angélicas do "grande pensamento". Contudo, é justo citar também palavras posteriores de *Sir* James Jeans, de "que tudo o que se tem dito, e cada conclusão que se tentou formular, podem ser considerados bastante especulativos e incertos."

A Fonte do Conhecimento

A posição do ocultista, por outro lado, é algo diferente. Os antigos ensinamentos da Ciência Oculta não estão baseados em especulações, mas em observações diretas, continuamente repetidas, de investigadores ocultos altamente treinados. Com o olho interno plenamente operativo e a técnica de seu emprego completamente desenvolvida, como resultado de sua preparação por seus Adeptos superiores em evolução, estes Videntes percebem diretamente o fenômeno da Natureza em todos os planos da existência e corroboram as descobertas de seus irmãos Videntes que já se foram. Por esta razão, "para os ocultistas que creem no conhecimento adquirido por incontáveis gerações de Videntes e Iniciados, os dados oferecidos nos Livros Secretos são completamente suficientes."[16]

As assertivas da Ciência Oculta são "feitas sob o testemunho acumulado de séries infindas de Videntes que testificaram esse fato. Suas visões espirituais, reais explorações por meio dos sentidos psíquico e espiritual, não embaraçados pela carne cega, foram sistematicamente conferidas e comparadas umas com outras, e a sua natureza esquadrinhada. Tudo o que não foi corroborado pela experiência unânime e coletiva foi rejeitado, enquanto que somente se registrou como verdade estabelecida o que, em várias épocas, sob climas diferentes e através de incontáveis séries de observações incessantes, se constatou combinar e receber constantemente posteriores corroborações.

> "Os métodos usados por nossos eruditos e estudantes das ciências ocultas psicoespirituais não diferem dos usados pelos estudantes das ciências naturais e físicas. Somente os nossos campos de pesquisa estão em dois planos diferentes e os nossos instrumentos (teosóficos) não são feitos por mão humana, razão pela qual são, quiçá, os mais confiáveis".[17]

---

[16] *A Doutrina Secreta*, H. P. Blavatsky, Vol IV, Ed. Pensamento, São Paulo. (N.E.)
[17] *A Chave para a Teosofia*, H.P. Blavatsky, Editora Teosófica, Brasília, 1991. (N.E.)

Mesmo assim, os ensinamentos da Ciência Oculta, tal como são oferecidos ao público em geral, são invariavelmente apresentados como ideias a serem consideradas, e nunca como dogmas representando verdades finais. Acima de tudo, pesquisa livre é o que insistem aqueles que praticam e ensinam os métodos da Ciência Oculta.

Capítulo III

Os Processos Criadores

O Reino Mineral

A maneira da criação original ou da formação física das substâncias minerais – se cristalinas ou suscetíveis de cristalização, ou amorfas (coloides) – é até hoje desconhecida para a Ciência. Ao oferecer os resultados das observações efetuadas acerca do processo, nem por um segundo presumo ter resolvido este problema. Se o que segue não tem nenhum valor, pode talvez ser encarado como observações de um só pesquisador, as quais mais tarde poderão ser consideradas de algum mérito.

A existência de agentes físicos é parcial, mas não totalmente, suficiente para explicar o aparecimento de minerais. Sabe-se que eles existem em função do calor e da pressão em determinadas proporções, e vapor aquoso, mas até hoje se ignora porque uma substância se cristaliza geralmente sob forma geométrica ou arranjos moleculares. Sempre aparecem cristais de linhas regulares quando se deixa evaporar uma solução, e a mesma substância usualmente toma a mesma forma cristalina, como, por exemplo, sais em cubo, alume em octaedro, nitro em prismas. O termo crescimento é aplicado aos minerais, mas não é considerado como sendo o resultado de acréscimo de substâncias recentemente formadas, mas, antes, da atividade de agentes externos que alteram o conteúdo. A maior parte dos minerais cristalinos preexistiram e foram depositados gradativamente em rochas pela infiltração da água ou pela passagem da terra, do estado de fusão para o de resfriamento.

A Doutrina do *Logos*

Parte da explicação oferecida pela Teosofia consiste de um aspecto do que se chama a Doutrina do *Logos*. De certa forma, e tanto quanto minha compreensão alcança, isto implica na emissão de uma energia eletroespiritual, formativa ou produtora de forma – o númeno de eletricidade física – da ordem ou qualidade do som, uma força criadora sonífera, ou Verbo, um acorde criador. Em termos de frequência de oscilações, as notas deste acorde são a expressão das ideias componentes de um arquétipo preconcebido e sustentado na superior Mente Criadora durante o *Manvantara*.[18] Esta ideia arquetípica serve parcialmente de um modelo dinâmico nos mundos superfísicos, para a modelação da matéria etérica e física no padrão concebido. Esta é a fonte do impulso que faz a substância orgânica e inorgânica assumir formas geometricamente governadas, e da característica organizadora e modeladora do protoplasma.

Os Construtores

As minhas investigações pessoais sugerem que o processo de produção da forma é auxiliado pela ação de Hierarquias de Inteligências Criadoras – Arcanjos e suas hostes angélicas – as quais, como corporificações da Inteligência Universal, conhecem o modelo ou arquétipo e, aliando-se à força-Verbo, intensificam ou ampliam sua capacidade formativa. Estes Seres vivem nos mundos superfísicos e atuam perpetuamente como agentes modeladores da forma, de acordo com o Verbo. Deve ser entendido que os termos espiritual e superfísico não implicam em separação espacial do Universo físico. A matéria em cada grau de densidade coexiste espacialmente, a menos densa interpenetrando a mais densa. O laboratório da Natureza e seus "artífices", "artistas" e "químicos" se encontram no interior da substância física, algo como as ondas hertzianas transmitidas pelo ar e uma corrente elétrica ao longo de um fio. Ambos, prótilo[19] e protoplasma, são "carregados" do interior pela Força Vital subjacente, imanente, ordenadora, criadora, formadora.

No nível físico-etérico, as Hierarquias de Inteligências Criadoras são sempre representadas pelos construtores menores da forma, os espíri-

---

[18] Vide nota 20.
[19] Substância primária.

tos da Natureza, os Sephiroth em miniatura, que operam instintivamente, em grande escala, atuando segundo linhas de força – estimulantes para eles – as quais formam os modelos geométricos estabelecidos no éter onipenetrante pela emitida e vibrante Força-Verbo-Pensamento.

O "Verbo"

No primeiro capítulo, foi apresentado um conceito do *Logos* como um Músico e o processo contínuo da criação como execução de uma grande sinfonia. Ele concebeu e desenvolveu "A Magna Obra" nos primitivos "Dias" Criadores[20] e talvez a aperfeiçoou no silêncio e na escuridão da intermediária "Noite" criadora.

Quando, mais uma vez, tem de haver luz, Ele "fala" e pelo poder de Seu "Verbo" traz todas as coisas à existência. Esta primeira expressão do "motivo" do novo Universo é "ouvida" ou respondida pela matéria virgem, e aparecem gradualmente os planos da Natureza com suas formas e seus habitantes. Nestes, o *Logos* verte perpetuamente Sua Vida, para que possam viver, sendo este o Seu contínuo sacrifício, a Sua eterna oblação.

O *Logos* ou *Verbum* não é em realidade palavra nem voz de Ser algum. É a pura Vontade expressiva do presumido propósito ou intento do divino Pai-Mãe, de gerar o Universo. É o irresistível, onipenetrante, inerente impulso para a autoexpressão, expansão (de onde a denominação de *Brahmā*, vinda da palavra sânscrita *brih*: expandir e crescer) e plenitude que reina no coração de toda a Natureza e toda a Criação, desde o mais elevado até o menos. É a vontade de plenitude que "ressoa" naquele momento Cósmico, quando a Ideação divina emana pela primeira vez do Absoluto como Luz-Vontade.

Através dos Dias e Anos Cósmicos que se sucedem, a Luz-Vontade chama à existência sóis, planetas e seres, em obediência à lei. Nível após nível, plano após plano, de crescente densidade, vêm à existência, e gradu-

---

[20] De acordo com a Filosofia Oculta, O Sistema Solar, obedecendo uma lei cíclica universal, emerge, entra em obscuridade, e reemerge, perpetuamente. Cada "criação" nova continua o processo evolucionário do estágio alcançado no final da era precedente. Estes períodos de obscurecimento e de manifestações são conhecidos como "Noites" e " Dias"; em sânscrito, *Pralayas* e *Manvantaras*.

almente corporificam e evidenciam a Luz-Vontade. As Mônadas emitem seus Raios. Os seres emanam e povoam os planos. Cada vez mais profundamente penetra o Verbo-Pensamento-Vontade Cósmicos, acordando a substância dormente, forçando seus átomos a responder, incorporar e ecoar ou ressoar o Verbo-Cósmico. A Luz irradia do Centro para iluminar a escuridão e tornar o manto até então invisível, que envolve a Mãe Universal.

A Vontade torna-se mais potente. O som do Verbo faz-se mais forte e a Luz mais brilhante, com o perpassar dos Éons. As Mônadas tornam-se mais radiantes e seus Raios emitidos, mais dilatados e mais brilhantes. As regiões mais densas tomam as formas pretendidas. A escuridão exterior dá passagem à Luz, e onde antes era o Caos, impera a divina Ordem.

Em cada ser assim chamado à existência, como morador e mourejador nos mundos criados, os processos cósmicos são microcosmicamente reproduzidos e realizados paralelamente. Tal qual o todo, cada parte responde. No homem, como um dos moradores e mourejadores nos mundos, a inércia e o silêncio inerentes à matéria dão lugar ao movimento rítmico, "ouvindo" e "respondendo" à Voz criadora. No homem, como no Universo, a escuridão é substituída pela luz.

O "Verbo" universal, quando proferido, manifesta-se em miríades de acordes, cada qual como som coerente e autoexistente, com suas manifestações de força e luz. Cada acorde aparece como forma abstrata, relativamente imutável, Arquétipo ou ideia divina, nos mundos superiores de cada um dos planetas. Esses Arquétipos, por sua vez, ressoam seus "verbos" "retransmitindo" nos mundos inferiores a força-Verbo original. Campos magnéticos são ali estabelecidos, a matéria é atraída para eles, e com o auxílio dos Deuses, é modelada em formas evolucionantes. Estas formas, vivificadas pela Vida divina, tornam-se a morada das inteligências (as Mônadas) nas fases de desenvolvimento mineral, vegetal, animal, humano e super-humano. Como resultado de experiências nas formas, essas inteligências, ajudadas pelos Deuses, gradualmente desenvolvem suas faculdades e poderes inatos até que o grau de desenvolvimento, estabelecido para elas e para as formas, seja atingido. Os Deuses são assim concebidos como construtores de formas e assistentes da evolução da consciência.

Quando este padrão foi alcançado por todos os seres e, em obediência à lei dos ciclos, o tempo, o limite da manifestação objetiva foi atingido, todo o Sistema Solar é recolhido ao estado subjetivo. Ele permanece nesta condição até que, sob a mesma lei cíclica, reaparece, e o processo de desenvolvimento ou ascensão continua a partir do ponto atingido no final do período precedente de manifestação objetiva. A Filosofia Oculta vê este processo continuando indefinidamente, não havendo limites para as possibilidades evolucionárias. Esta progressão ordenada não tem um começo concebível nem um fim imaginável.

As Hierarquias Criadoras

As energias criadoras de que todas as formas são o produto, primeiramente emitidas com som ao ser proferido o "Verbo", podem ser imaginadas como precedendo de uma Fonte central, espiritual, representada fisicamente pelo Sol. Em suas fontes, estas energias têm uma tremenda potência. Toda a categoria de Deuses, desde os Arcanjos Solares até os anjos planetários, de alguma maneira servem de transformadores elétricos. Eles recebem em si o poder criador, primordial, e como que resistindo ao seu fluxo, lhe reduzem a "voltagem". Dos Deuses Solares passa por seus irmãos menores, em grau decrescente, até atingir os mundos físicos. Aí, com o auxílio dos espíritos da Natureza, transforma a matéria nas formas concebidas pela Mente Criadora.

A capacidade do som para produzir formas pode talvez encontrar apoio nas figuras sonoras, que podem ser formadas pelas vibrações de substâncias, emitindo um tom musical.

Figuras geométricas, por exemplo, são formadas pela areia numa lâmina de vidro ou metal, quando o arco de violino é retesado na extremidade. Ernst Florens Friedrich Chladni (1756-1827), físico alemão, produziu figuras geométricas acústicas, que eram formadas por linhas nodais numa lâmina vibrando, tornadas visíveis pelo espargimento da areia na lâmina, onde ela se assenta nas linhas de menor resistência. Jules A. Lissajous, cientista francês (1822-1880), produziu figuras formadas por curvas devidas à combinação de dois movimentos harmônicos simples. São comumente exibidas pelos reflexos sucessivos de um raio de luz de dois diapasões ou pelo traço mecânico do movimento resultante de dois pêndulos como em um harmonógrafo, ou por intermédio dos bastões de Wheatstone. Lissajous também produziu as figuras dadas por um diapasão vertical e outro horizontal, vibrando simultaneamente. As figuras diferem quando os diapasões estão em uníssono ou em variáveis diferentes de fase de notas isoladas. Se a capacidade do som físico de produzir formas pode também ser atribuída à energia criadora sonora ou força-Verbo emitida em níveis superfísicos, então a Doutrina do *Logos* encontra alguma base científica.

A Ordem dos Deuses que assim ajudam o *Logos* no processo da produção de formas evolutivas pela pronunciação do "Verbo" é conhecida como a dos Construtores. Os membros das categorias superiores desta Ordem – dos quais uma linhagem é conhecida no Hinduísmo como *Ghandarvas* ou Deuses da Música.[21] – são conscientes do propósito cria-

---

[21] Vide a Ilustração 20, Um Anjo da Música e sua respectiva descrição.

dor, percebem e conhecem os Arquétipos ou ideias divinas. Pela autounificação com a força-Verbo descendente, particularmente com as correntes que vibram em frequências idênticas às de sua própria natureza, eles as amplificam e consequentemente aumentam o seu poder produtor de formas. Porque dentro da Ordem dos Construtores existem hierarquias que são manifestações dos acordes do "Verbo" criador, de que os Arquétipos e as formas são expressões. Esta afinidade de vibração atrai a hierarquia particular para o seu campo apropriado de trabalho como construtores de forma nos quatro reinos da Natureza.

O ouro, por exemplo, pode ser considerado como o produto físico da energia criadora vibrando na frequência em que o ouro se manifesta em termos de força. O ouro, como também todas as substâncias, está representado no "Verbo" criador como um acorde, que é a expressão em termos de som da ideia divina do ouro. Esta força-Verbo é emitida da Fonte espiritual, e percutindo na matéria virgem, pelos processos anteriormente descritos, faz com que ela tome fisicamente a típica disposição molecular e a forma cristalina do ouro.

Os Deuses do Ouro

Este processo não é puramente automático. Há uma hierarquia de Deuses, cujo acorde é de natureza idêntica à do ouro. Eles podem ser concebidos como a ideia divina do ouro manifestada como uma Ordem de seres viventes. Membros desta hierarquia são atraídos pela afinidade vibratória para as correntes de força de ouro que constantemente descem da Fonte criadora para o mundo físico. Sua presença e assistência intensificam as frequências componentes e desse modo aumentam o poder produtor de formas da força-Verbo. Assim, parte da função dos Deuses do Ouro, bem como de todos os Deuses da Ordem dos Construtores, é a de ajudar no processo de produção de substância e formas físicas.[22]

---

[22] Vide a Ilustração 17.

Na superfície de veios de ouro, tais como na cordilheira de Witwatersrand na África do Sul, vi numerosos Deuses e espíritos da Natureza associados à força criadora, à vida animadora e à subjacente consciência do ouro. Acima deles, especialmente e em evolução, havia grupos de Deuses mais elevados, enquanto que além destes ainda, vagamente percebida, estava a Inteligência planetária do Ouro. Este grande Ser parecia estar fundido, como Coordenador, Diretor e Estimulador, com a força, vida e consciência do Ouro.

Na Rand[23], nos níveis de emoção e pensamento concreto, há uma consciência-grupo do Ouro. Está separada de outros grupos minerais por sua membrana envolvente, pelas diferenças de frequência da força criadora do ouro e pelo fato do desenvolvimento superior da vida animadora do ouro. A força descendente, se descrita antes diagramaticamente do que na realidade, ou mais de um ponto de vista tridimensional do que quadrimensional, assemelha-se toscamente a um jato cônico de luz solar, brilhando desde o ápice que é a Fonte planetária criadora, até a Terra. A vida no interior da corrente é mais intensamente colorida e mais vívida do que a de qualquer outro mineral desta região. Harmonizado com sua frequência ou ritmo, eu senti sua força atravessando meus corpos, elevando, estimulando tudo o que corresponde a ouro na constituição humana.[24]

Viam-se as hostes dos Deuses do ouro movendo-se no meio da corrente descendente de força áurea. Como se mostra na Ilustração 17, eles têm algo de feminino na aparência. A face dá a impressão de uma tez muito pálida, quase incolor. O "cabelo" – em realidade correntes de força – é linhoso com um reflexo de ouro. A aura derrama-se em curvas fluentes, alargando-se à medida que descem em faixas de nuances muito suaves de verde, rosa, amarelo e delicado azul. A terceira parte inferior da aura está repleta de miríades de pontos de luz dourada. Todos estes estão em rápido

---

[23] Denominação popular e abreviada da mesma cordilheira. (N.E.)
[24] Toda vida, força, substância, potencialidade, existem no homem, que é um microcosmo, um epítome do Macrocosmo, uma síntese do universo todo. A Doutrina Secreta, H.P. Blavatsky, Ed. Pensamento, São Paulo.

movimento e aumentam em quantidade em direção à "orla" desta linda veste áurica. Toda a forma e aura do Deus – ou Deusa – reluz brilhantemente com o resplendor do ouro.

Estes Deuses menores do ouro são curiosamente impassíveis. Eventualmente, aqueles próximos à superfície da estepe se movem lentamente num entrelaçamento encadeado, como o movimento de uma majestosa dança. Ao mesmo tempo eles mantêm um gracioso movimento de braços, como na disseminação manual de sementes. Aparentemente esquecidos do exterior, eles usam suas mentes para emprestar à tripla corrente "descendente" de áureo poder, vida e consciência, uma força e individualidade adicionais. Ainda que se desperte e prenda a atenção de um deles, ele vê a gente confusamente, como que através de uma névoa de ouro, e não faz nenhum esforço para responder.

Vários tipos de espíritos da Natureza estão nas profundidades, frequentemente uma milha abaixo. Alguns têm corpos esquisitos, tipo Sátiro – remanescentes etéricos de esforços desajuizados da Natureza para construir formas em ciclos primitivos – com longas, finas e pontudas faces, e corpos nus e fuscos de forma humana, salvo as pernas e os pés que se assemelham às de um animal. Cada um está associado a uma certa área de rocha subterrânea. Eles parecem estar manipulando forças terrestres, usando poderosa força de vontade no processo, como se estivessem malhando e soldando as energias descendentes para torná-las interdependentes e homogêneas. Este trabalho não é, entretanto, manual, mas o resultado da vontade exercida instintivamente. Parecem ter grande satisfação desta atividade, experimentar um sentimento de domínio sobre forças poderosas, as quais lhes dão o impulso para manter sua concentração.

O ouro verte da rocha semelhante a tênues gotas, enquanto que os menores espíritos da Natureza, movendo-se ao redor e dentro das gotas, assemelham-se a diminutas bactérias de forma espiral em cor de ouro vivo. No nível etérico, miríades deles "boiam" na corrente descendente, onde existem depósitos. O conjunto dá a impressão de um vasto laboratório, com inumeráveis manipuladores, no qual estão continuamente sendo formados elementos, e preside-o um Espírito superior.

Os Deuses e os espíritos da Natureza, do ouro, não parecem ressentir-se da mineração. São totalmente impessoais, e onde quer que haja ouro, ali estão em contato com a sua vida no interior. Da mesma forma, os gnomos rochosos não se ressentem da explosão da rocha. Ao contrário, explosões e a perfuração os estimulam, e eles se deliciam na exibição do poder sem se importar com a fragmentação da rocha. Podem ver as perfuradoras, mas não percebem normalmente os homens, sendo em termos de frequência tão afastados do homem, que são quase cegos à existência humana. Consideram sua própria participação algo como uma brincadeira que eles apreciam porque os estimula a aumentar sua sensibilidade e atividade.

Criação no Reino Vegetal

Tanto quanto posso observar, semelhante processo criador ocorre no reino orgânico da Natureza. Os problemas ligados à vida orgânica são profundos e, como no tocante à formação de minerais, não pretendo oferecer-lhes solução final.

Admite-se que apenas características químicas não constituem material orgânico vivente. Presume-se que a vida esteja presente, mas esta tem escapado até agora à pesquisa científica. Os vários processos de organização biológica conducentes ao desenvolvimento da forma, tal como a progressão de um óvulo fertilizado até a planta ou animal adultos, são até agora um profundo enigma.

Parte do mecanismo desta progressão foi descoberta. Genes e cromossomos controlam o desenvolvimento até certo ponto e entram no processo, no tempo e lugar certos, mas a emergência da forma de um corpo, da semente fertilizada parece demandar a operação de uma mente planejadora e coordenadora, pois a atividade reguladora se mostra em todos os tipos de organização biológica, surgindo numa série de passos ordenados, a partir da misteriosa substância conhecida como protoplasma. Supõe-se ser a forma do corpo imanente no óvulo fertilizado, mas até agora se desconhece como é que aquilo que é latente se torna objetivo. Ao microscópio, um corte de um grupo de células do qual se desenvolverá a planta ou fruta parece um caos de células distribuidoras. Não obstante, cada célula tem sua tarefa particular na combinação, e todo o organismo é parte de um sistema padronizado.

O Crescimento da Célula

Uma célula viva é capaz de acumular energia que conduz ao crescimento e ao processo de reprodução. Materiais simples, diferentes entre si, mas da mesma estrutura atômica, são absorvidos como alimento. As células das plantas absorvem bióxido de carbono, por exemplo, e sob fotossíntese podem construir carboidratos. Um cristal, entretanto, somente cresce em material idêntico ao seu. A condição mais desenvolvida do que nos minerais, da vida subjacente das plantas, é também indicada pela habilidade de os organismos vivos reagirem a estímulos externos, como a luz solar, e exibir poderes de autopreservação ou manutenção de identidade e integridade, bem como pelo comportamento observado.

Genes e Cromossomos

Os processos de germinação, divisão e especialização de células de acordo com os tipos de estrutura a serem construídos, admite-se, ocorrem parcialmente como resultado dos processos de autoenergização. Dentro da semente, corpos minúsculos, chamados genes, transmitem qualidades hereditárias. Estes contêm um sistema enzimático e atuam como organizadores, o que dá nascimento a funções particulares da forma total que tem de crescer. Tais processos são iniciados como resultado de estimulações adequadas, como a união da célula germinativa, positiva e negativa. Esta começa então a dividir-se, sem um aumento inicial de tamanho. Depois disso, diferentes tipos de células começam a evoluir a fim de produzir tipos diferentes de tecidos. Após uma certa fase, um aumento de substância ocorre do exterior, e esta é organizada em tipos conforme a estrutura e função do futuro organismo. Uma operação modeladora, formativa, produz mudanças nas relações energéticas dentro da estrutura, afetando o ritmo de divisão das células, a taxa metabólica e a constituição química de tipos individuais de células. Tudo isso ocorre de acordo com o *Anlagen* (protótipo alemão), de órgãos que serão formados mais tarde.

Regeneração

Os processos de regeneração são tão misteriosos como os que produzem a formação original, a partir do protoplasma. Uma planta, por exemplo, regenerará raízes se for podada. Se um embrião do animal é dividido em duas células e uma delas é morta, a remanescente se desenvolverá em um animal completo. A minhoca, se cortada em duas, reproduzirá nova cauda, e a sequoia gigante reconstruirá o tecido do tronco depois de queimada quase toda a casca. Ambos, crescimento e regeneração, ocorrem claramente sob controle de acordo com um desígnio característico.

O controle consiste, diz a Teosofia, de uma subjacente Inteligência universal diretora contendo o pensamento – (se não completamente consistente dele) – do Universo e tudo o que ele sempre produzirá e reproduzirá, gerará e regenerará em todas as etapas do crescimento e através de todas as fases de desenvolvimento evolucionário. A progressão de acordo com o padrão ou assunção organizada de formas características, de etapa em etapa, é produzida ou estabelecida como uma função do protoplasma pela ação de uma potência elétrica produtora de formas, emitida de maneira algo similar à do som. Esta energia produtora de formas, originalmente emitida em níveis e frequências superfísicas pela Mente Universal, como Emanador e Arquiteto do Universo, é inerente e ativa dentro da própria matéria, bem como do protoplasma, imprimindo-lhe seu impulso e capacidade progressiva e perpetuamente para produzir trocas de células padronizadas até o final da construção dos tipos de tecido celular. Como foi descrito algures, corporificações desta Mente Universal, certas hierarquias de Hostes Angélicas, ajudam nestes processos.

A Ciência Oculta ensina, pois, que nada do que existe é verdadeiramente inanimado. A vida está presente no mineral como em todas as outras formas. Cada semente, e especialmente cada germe, é imbuído ou animado por uma energia vital que o faz germinar e desenvolver-se segundo suas espécies.

Apelo aos Espíritos da Natureza

Um núcleo vital, contendo os resultados acumulados da fase precedente como uma possibilidade vibratória, acha-se no âmago de cada semente. O despertar ou incitamento sazonal para a vida em um solo apropriado produz algo sutil equivalente ao "som". Este "som" é então "ouvido" nas regiões elementais circundantes de sua fonte, e os espíritos construtores da Natureza respondem ao apelo. Cada tipo de crescimento – haste, broto, folha e flor – tem a sua nota ou chamado específicos, ao qual o construtor apropriado responde. Como o próprio som tem por efeito produzir formas, é ele o meio pelo qual a forma arquetípica da planta, latente na semente e nas mentes de uma ordem superior dos espíritos da Natureza é projetada no nível etérico como uma forma-modelo. Alguns dos resultados deste apelo vibratório da semente são:

1. Separar e isolar a atmosfera ao redor da semente.
2. Colocar a matéria dentro do espaço isolado, vibrando nas proporções requeridas, e especializá-la no preparo para o trabalho dos espíritos construtores da Natureza.
3. Chamar os construtores, os quais, entrando na esfera especializada, estão aptos a materializar-se até o nível em que têm de trabalhar.
4. Ajudar na modelação de um padrão ou molde etérico da planta como um guia ou plano básico, pronto para os construtores.

Surgem diferentes "células" vibratórias à medida que, a seu turno, tem que se construir o caule, o broto, a folha e a flor, e os correspondentes construtores chegam então para trabalhar em sua tarefa especial.

O som sutil parece irradiar não somente do núcleo de vida da semente, como também de cada célula embrionária, à medida que esta se desenvolve. O construtor relacionado com essa célula absorve o material requerido – o correspondente à mesma vibração sua e da célula que está construindo – e transforma-o de material livre em especializado. Esta substância passa então para a célula da qual o som é emitido, e é vertida no molde etérico. A célula é assim gradualmente alimentada e aumentada até atingir seu limite próprio, quando se divide, e o processo é repetido. Enquanto o material está em íntima associação com o construtor, não é apenas especializado para ajustar-se à célula em crescimento, mas é também colorido pela medida vibratória do minúsculo espírito da Natureza interessado.

Examinando bulbos que crescem em vasos, vi inúmeras destas microscópicas e etéricas criaturas movendo-se dentro e ao redor das plantas em crescimento. Eram visíveis no nível etérico como pontos de luz volteando ao redor da haste e entrando e saindo do bulbo. Elas absorvem a matéria da atmosfera ambiente, que depositam ao reentrar nos tecidos, e este processo segue continuamente até a planta crescer completamente. As criaturas estão totalmente autoabsorvidas e são suficientemente autoconscientes para experimentar uma leve sensação de bem-estar, e mesmo de afeição pela planta. Quando fora dela, absorvendo matéria, tornam-se maiores e dão a impressão de esferas violeta-pálidas e lilás forte, de mais ou menos duas polegadas de diâmetro. Tendo-se expandido até o maior tamanho de que são capazes, retornam e, como foi dito acima, reentram na planta, na qual descarregam a matéria e força vital que absorvem.

Além disso, podem-se ver as próprias plantas absorvendo diretamente da atmosfera certa quantidade de substância. Há também um natural fluxo de energia vital das plantas meio crescidas até cerca de sessenta centímetros acima e ao redor delas, onde brincam e dançam outras minúsculas criaturas. Os espíritos construtores da Natureza não limitam seu trabalho a uma única planta ou mesmo a um único vaso, pois quando os vasos estão próximos uns dos outros, voam de um para o outro. Os próprios bulbos dão a impressão de ser pequeninas usinas, cada qual carregada de potentes forças. A cor etérica do bulbo, quando em crescimento, é violeta rosada, com uma luz mais intensa no centro, da qual se eleva uma corrente elétrica, carregando consigo, mais lentamente, umidade e nutrição físicas.

Cada mudança na estrutura e na cor atrai outro grupo de construtores, e quando o bulbo começa a formar-se, entra em cena uma ordem apropriada de espíritos da Natureza. Quando a flor começa a ser construída, aparecem as fadas competentes que são responsáveis por toda coloração e estrutura da flor. As fadas das flores são suficientemente conscientes de seu trabalho especial para executá-lo com intenso prazer. Elas permanecem em estreita assistência a cada broto e pétala que se desenvolve e parecem apreciar a admiração humana pelos resultados de seu labor. Quando as flores são cortadas, as fadas construtoras podem acompanhá-las e permanecer com elas algumas horas. Ao tempo da floração plena, a nota criadora ou "Verbo" da planta repercute amplamente. Todos os espíritos da Natureza adequados então se apresentam e põem-se a trabalhar.

Da mesma maneira, em qualquer parte da Natureza, todas as substâncias e todas as formas devem sua existência ao sempre emitido "Verbo" criador e à atividade dos espíritos e dos Deuses. Quando observamos a variedade de formas da Natureza, seus metais e joias, suas flores, árvores, florestas, seus rios, lagos e cascatas, seus oceanos, suas colinas e cordilheiras, ficamos certamente extasiados não apenas pelas auras materializadas dos Deuses, mas, se com toda a reverência podemos dizê-lo, pelo Próprio Deus. Pois a Natureza é apenas Deus revelado, o sonho de Deus tomado manifesto pela contínua enunciação de Seu "Verbo", o canto de Seu poderoso Nome e o ministério incessantemente construtivo e embelezador dos Deuses maiores e menores. Por estes, e, sem dúvida, por muitos outros meios, Ele traz à existência todos os seres e todas as coisas, e as sustém pelo perpétuo e sacrificial fluxo de Sua Vida.

Capítulo IV

O Homem, O Microcosmo

"O Universo é Um Homem em Escala Maior"[25]

Agora podemos proceder ao estudo dos processos de construção de formas, empregados pelos anjos e espíritos da Natureza na construção dos corpos físicos, etéricos e superfísicos do homem. Tanto na Natureza como no homem, as forças criativas, os agentes e os métodos são, em geral, os mesmos. Talvez as mais profundas de todas as verdades contidas nos ensinos esotéricos são as da unidade do Macrocosmo ou o "Grande Homem" com o microcosmo ou homem individual, e da estreita semelhança entre os processos pelos quais ambos se tornam manifestos e evoluem. O homem, em realidade, foi criado à imagem de Deus. "O mistério do homem terreno e mortal é subsequente ao mistério do Ser supremo e imortal."[26] O Universo é a manifestação de um Poder Deífico Supremo, do qual um raio está presente em cada homem. A realização desta presença como a verdadeira individualidade humana, o Eu real, atrás do véu corporal, conduz à ulterior compreensão de que este Morador do íntimo é sempre uno com o Supremo Senhor, a eterna Fonte de luz, vida e poder.

H. P. Blavatsky refere-se a esta unidade e semelhança em sua obra monumental, *A Doutrina Secreta*[27]:

"Para o aprendiz que quisesse estudar as Ciências Esotéricas com seu duplo objetivo: (a) provar ser o Homem idêntico, em essência física e espiritual, ao Princípio Absoluto e ao Deus da Natureza; e (b) demonstrar a presença nele do mesmo poder potencial existente nas forças criadoras da Natureza – para esse, um perfeito conhecimento das correspondências

---
[25] Lao Tsé.
[26] *Clef des Mystères*, Eliphas Levi.
[27] Op. cit. Vol V, p. 421,429, Theosophical Publishing House, Adyar, Índia.

entre cores, sons e números é o primeiro requisito... É do total conhecimento e compreensão do significado e da potência desses números, em suas combinações variadas e multiformes, em sua correspondência mútua com sons ou palavras e cores ou velocidades do movimento (representadas na ciência física por vibrações) que depende o progresso do estudante do Ocultismo."

> "Estes nossos sentidos correspondem a cada Setenato na Natureza e em nós próprios. Fisicamente, ainda que o invisível, o Invólucro Áurico humano (o âmnio do homem físico em cada etapa da Vida) tem sete camadas, tal como o tem o Espaço Cósmico e a nossa epiderme física. É esta Aura que de acordo com o nosso estado físico, de pureza ou impureza, ou descerra-nos vistas de outros mundos ou nos veda completamente tudo, exceto este mundo tridimensional de Matéria.

> "Cada um dos nossos sete sentidos físicos (dois dos quais são ainda desconhecidos para a Ciência profana), e também cada um dos nossos sete estados de consciência – a saber: 1) vigília; 2) devaneio; 3) sono natural; 4) sono induzido ou transe; 5) psíquico; 6) superpsíquico; e 7) puramente espiritual – correspondente a um dos sete Planos Cósmicos, desenvolvem e usam um dos sete supersentidos, e estão diretamente em conexão, em seu uso no plano terreno-espiritual, como o centro de força cósmico e divino que lhe deu nascimento, e que é o seu destino criador. Cada um está também em conexão e sob a influência direta de cada um dos sete Planetas sagrados."

Assim o *Logos* e o homem não são somente unos em essência, mas tudo o que há no *Logos*, inclusive o Sistema Solar, é inato no homem. A sua constituição é precisamente similar, o que quer dizer, sétupla. O homem, como Mônada, é também imanente e transcendente, em seu campo de manifestação, que são os seus sete princípios. O poder e os processos criadores pelos quais um Sistema Solar vem à existência também operam na procriação humana e subsequente desenvolvimento corporal. Significativo, portanto, é o enunciado de que "o homem é o próprio estudo da humanidade". Era sábia a exortação das antigas Escolas de Mistérios: "Homem, conhece-te a ti mesmo"; pois quando o homem se conhece a si verdadeiramente, ele conhece tudo.

A Criação Microcósmica

Neste Capítulo, em exposição parcial destas grandes verdades, considera-se a descida do Ego humano para a encarnação[28] e descrevem-se alguns processos de vida pré-natal, observados clarividentemente, e dos quais os anjos participam. Antes que este assunto seja apresentado de maneira adequada, é necessário, entretanto, antecipar certos ensinamentos teosóficos referentes à natureza superfísica e espiritual do homem.

Descreve-se o homem como aquele ser no qual o mais alto espírito e a matéria mais ínfima estão unidos pelo intelecto. Ainda que isso faça dele uma triplicidade, diz-se que sua constituição é pelo menos sétupla. Na presente fase de evolução humana, os sete corpos ou princípios do homem, a começar do mais denso, diz-se serem o corpo físico, veículo do pensamento, sentimento, percepção, e ação no mundo físico; o duplo etérico, o elo conetivo entre o homem interior e o exterior, e receptáculo da energia vital ou *prāna* recebida fisicamente do Sol e superfisicamente do Sol espiritual; emocional ou corpo astral, veículo do desejo; corpo mental, veículo da mente formal e instrumento do pensamento concreto; o mental superior ou Corpo Casual, veículo no nível da mente abstrata do triplo Eu Espiritual, chamado pelos gregos o Augoeides e frequentemente referido como o Ego; o Corpo *Búddhico*, veículo da intuição espiritual; e o Corpo *Átmico*, veículo da vontade espiritual. Pairando sobre o conjunto do sétuplo homem, e fortalecendo-o, está o Morador do mais íntimo, a Mônada ou Centelha Divina.

Como o processo criativo Macrocósmico se inicia com o "Verbo", assim a criação microcósmica dos corpos mental, astral e, mais tarde, etérico e físico do homem pela enunciação do "Verbo" Egoico. Na época da

---

[28] Vide *Reincarnation, Fact or Fallacy?* Geoffrey Hodson, Theosophical Publishing House, Adyar, Chennai, Índia.

concepção ou quase, o átomo físico permanente[29] do Ego prestes a encarnar é ligado por um anjo à célula gêmea, então formada. Os átomos permanentes ou sementes são átomos únicos, e são os átomos finais dos planos da vontade, sabedoria, inteligência abstrata, pensamento formal, emoção e matéria física. No início da descida do Raio Monádico ao campo evolucionário, esses átomos são ligados ao fio vital ou Raio da Mônada, que é assim representado nos terceiro, quarto, quinto (os do pensamento abstrato e concreto), sexto e sétimo planos da Natureza, a contar de cima. A Mônada em si está situada no segundo plano e obtém comunicação com os planos inferiores através de seu fio vital a que os átomos estão atados.

Ao iniciar-se cada ciclo de renascimento, a força-Verbo microcósmica, ou o poder, vida e consciência Egoicos, desce pelo fio da vida ligando o Corpo Casual com os átomos permanentes ou sementais mental, astral e físico. Esta tripla corrente de energia criadora vibra em frequências expressivas do Raio Egoico[30] ou classificação Monádica, o estágio evolucionário, as qualidades de caráter e consciência já desenvolvidas e o *Karma*[31], tanto feliz como infeliz em sua operação. Todos estes são representados como "sons" no acorde do "Verbo" Egoico e modificam enormemente as características paternas transmitidas via corpos astral e mental, óvulo e espermatozoide. Este poder criador origina-se microcosmicamente na Mônada ou no Eu indivisível do homem, a centelha integral dentro da Chama Paterna, pela qual o "Verbo" é primariamente proferido. Este "Verbo" Monádico é, por sua vez, um acorde no *verbum* Macrocósmico.

O Corpo Causal ou Corpo Egoico, o veículo permanente do Eu Espiritual do Homem, o Augoeides, pode ser concebido como o Arquétipo

---

[29] *Um Estudo sobre a Consciência*, Annie Besant, Ed. Teosófica, Brasília, 2014. (N.E.)
[30] *Os Sete Temperamentos Humanos*, Geoffrey Hodson, Ed. Teosófica, Brasília, 2012. (N.E.)
[31] *Karma*, em sânscrito. A lei universal de causa e efeito, a qual guia infalivelmente todas as outras leis produtoras de certos efeitos ao longo dos sulcos de suas respectivas ações de causações. Esta lei atua não somente durante uma vida, mas em vidas sucessivas, cujas condições e oportunidades são o exato efeito das causas geradas em encarnações precedentes. Justiça absoluta é assegurada por esta lei para todos os seres humanos. Cf. *Gálatas*, VI, 7.

microcósmico; é o veículo para a expressão do poder criador Monádico, temperado ou colorido, como se disse acima, pelos produtos de experiências passadas, tanto em seu próprio plano como através de sucessivas personalidades.

Dessa forma, se constitui o "Verbo", o qual o Ego, no Corpo Causal, como microcosmo, expressa criativamente para iniciar uma nova descida à encarnação.

Em cada plano o átomo permanente, despertado de sua condição relativamente estática de períodos interencarnacionários, torna-se então o foco e transmissor naquele plano, da força-Verbo retransmitida. Como centros dos campos magnéticos que estabelecem, os átomos permanentes atraem o tipo de matéria que é capaz de responder aos comprimentos da onda emitida. Este é especialmente o caso no tocante à preponderância de um ou outro dos raios primários na Mônada e Ego, e das três *gunas*[32] correspondentes na matéria. Assim, na própria substância de que os corpos são construídos, como também em qualquer outro particular, uma justiça perfeita é automaticamente distribuída a cada indivíduo em relação ao equipamento mental, emocional e físico, com o qual se inicia a jornada da vida.

Como São Construídos Os Corpos do Homem

O estágio que se segue imediatamente à concepção pode talvez ser comparado ao dos processos Macrocósmicos em que o "Verbo" produziu o Arquétipo, e por meio dele os centros magnéticos com seus campos, dentro e ao redor dos quais os planetas serão posteriormente formados. Os princípios que governam a formação dos corpos mental, astral e físico são os mesmos nos três níveis, mas a fim de apresentar tão claramente quanto possível um relato dos resultados de minhas observações, o processo de construção do corpo físico *in utero* será em parte descrito.

---

[32] As três qualidades básicas de toda a Matéria: inércia, mobilidade e ritmo. Annie Besant. *Um Estudo sobre a Consciência*, Ed. Teosófica, Brasília, 2014. (N.E.)

Como exposto acima, no momento da germinação, o átomo físico permanente é ligado por um anjo à célula gêmea recém-formada. Esta presença do átomo permanente, vivificado pela energia descendente, Egoica e criativa, ou força-Verbo microcósmica, concede ao gêmeo organismo celular o ordenado ímpeto biológico que faz com que, de fato, ele cresça segundo o "Verbo".

Tem-se constatado que a energia criadora, agora emitida no interior e através do átomo permanente e células gêmeas, produz, no mínimo, quatro resultados:

Primeiro, o estabelecimento de um campo ou esfera de influência dentro do qual deverá ocorrer a construção. Isto corresponde à formação do "Anel Intransponível" do Sistema Solar na Criação Macrocósmica; representa a extensão dos raios emitidos, e serve para isolar uma área contra a intrusão de vibrações e substâncias estranhas.

Segundo, a magnetização ou sintonização da matéria dentro deste campo. A ação da energia criadora coloca a matéria circundante em harmonia vibratória com a do indivíduo prestes a encarnar.

Terceiro, a produção da forma. Esta forma, que poderia ser considerada como a do molde etérico dentro do qual o corpo físico será construído, precisa agora ser descrita com alguns detalhes, descrição essa que inclui referências ao quarto efeito da força-Verbo emitida. Clarividentemente examinado, o molde elétrico pré-natal, que aparece logo após a concepção, assemelha-se a um corpo infantil construído de matéria etérica, com alguma luminosidade própria, vibrando fracamente, um ser vivo, a projeção etérica do Arquétipo modificada pelo *Karma*.

Dentro do molde etérico se pode ver, em termos de energia fluente ou linhas de força, cada qual com o seu próprio comprimento de onda, um plano em esboço de todo o corpo. Cada tipo do futuro tecido é representado, diferindo de outros tipos porque é outra a energia da qual ele é um produto final. Assim a estrutura óssea, os tecidos musculares e vasculares, os nervos, o cérebro e outras substâncias estão todos representados no molde etérico por correntes de energia em frequências específicas.

A ação das vibrações emitidas na matéria livre circundante pode ser o fator que faz os átomos entrarem em diferentes combinações moleculares para produzir vários tipos de tecidos. Estas moléculas são atraídas pelas linhas de força "instaladas" em seus lugares apropriados no corpo em crescimento, em virtude da vibração simpática ou ressonância recíproca. Assim, pois, cada parte do corpo físico, em substância e em forma, ajusta-se exatamente ao Ego encarnante. As deficiências *Kármicas*, que devem funcionar em termos de má formação, fraqueza e moléstia são representadas no molde por dissonâncias, ou mesmo interrupções ao longo das linhas particulares de força e segundo as quais os tecidos são formados.

Fazendo uma breve digressão, se esta generalização for completamente exata, o corpo todo – como também o Sistema Solar – pode ser expresso em termos de frequência, tendo cada tipo de tecido e cada órgão seu próprio comprimento de onda, nota e cor, que a seu turno variam em estados de saúde e de doença. Na perfeita saúde, cada parte está sintonizada e o acorde do corpo humano perfeitamente harmonizado. Na má saúde existe o contrário – há uma dissonância em uma parte ou outra. O acorde está fora de tom. A verdadeira arte de curar é, portanto, a de restauração do ritmo.

O *Quarto* dos efeitos de germinação é a evocação dos construtores *dévicos* da forma. A classe ou ordem dos que são evocados é também determinada pela ressonância. Assim, só ouvem e respondem os espíritos da Natureza da ordem construtora nas vizinhanças imediatas, que estão em sintonia vibracional com as correntes ou notas da força-Verbo emitidas pelo indivíduo reencarnante. Entrando em cena, eles ingressam na esfera de influência e se encontram numa atmosfera que lhes é inteiramente congênita, porque é regida por seu próprio e inerente acorde. Eles se põem então, instintivamente, a absorver em si mesmos, e, portanto, a especializar depois, a matéria livre, após o que eles assistem à sua vibratoriamente-governada colocação dentro de seu apropriado lugar na crescente estrutura do corpo.

Os Mecanismos da Consciência

Os anjos construtores nos níveis mental e astral, além da supervisão desses processos através da resposta instintiva dos espíritos da Natureza ao pensamento deles, ocupam-se também da construção e do ajustamento extremamente delicado do mecanismo da consciência. Fisicamente, este consiste do próprio corpo, sistema cérebro-espinhal com os sete centros nervosos e glandulares, situados no sacro, baço, plexo solar, coração, na garganta, e nas glândulas pituitária e pineal. No nível etérico, as contrapartes etéricas destes centros e glândulas e mais os *Chakras*[33] etéricos devem ser ajustados perfeitamente aos órgãos físicos, cuja sanidade e eficiência governam. Do mesmo modo, nos corpos astral e mental os sete *Chakras*, por sua vez, têm de ser adaptados às correspondentes partes etéricas e físicas do mecanismo. Um sistema sétuplo de manifestação no corpo, e sete canais através dos quais ele pode obter experiências nesse particular, são assim providos ao Ego pelos *Chakras* e seus centros físicos correspondentes. Esses *Chakras* humanos são projeções dos sete vórtices correspondentes nos Arquétipos Planetário e Solar, e, com a assistência *dévica*, são produzidos pela atuação da força-Verbo emanada deles através do Corpo Causal humano.

Também estão envolvidos aqui princípios numéricos. Cada um dos *Chakras* tem seu próprio acorde específico ou grupo de frequência, cores e número de divisões semelhantes às pétalas de uma flor. Através de cada uma dessas flui um tipo de energia, vida e consciência, vibratoriamente em harmonia com aquele acorde. Quando o *Karma* é favorável a uma perfeita função, o acorde de cada *Chakra* está perfeitamente harmonizado, os sete sintonizados um com o outro e com cada um dos corpos nos quais existem, como também com os centros correspondentes nos outros corpos. Sob tais condições, são asseguradas uma saúde perfeita e eficiência de funções. Quando há dissonância – criada pelas transgressões mental, emocional ou

---

[33] *Chakra,* em sânscrito. Uma roda ou círculo. Um rodopiante vértice nos corpos etérico, astral, mental e outros superiores do homem, cada um com seus sete *Chakras*. *Os Chakras*, C. W. Leadbeater. Ed. Teosófica, Brasília, 2020. (N.E.)

física e a consequente deformação ou distorção dos *Chakras* – o resultado é imperfeição de funções. O *Karma* de doença pareceria operar originariamente pela perturbação da sintonia vibratória. Uma quebra no ritmo das energias descendentes, em qualquer nível, causa por fim má saúde ao corpo físico. Pareceria, entretanto, que a cura final há de vir do interior do paciente, do próprio Ego; pois só do Ego – o Arquétipo humano – é emitida a energia criadora, e portanto, corretiva e curadora, em grupos de frequências numericamente expressivas da forma ideal.

Em uma cura espiritual bem-sucedida, desce um fluxo de força vitalizante e corretiva através do Ego e dos corpos superfísicos e seus *Chakras* até o do corpo físico, expulsando as substâncias desarmônicas, restaurando a harmonia e, portanto, o livre e desimpedido fluxo da vida-força interior através de toda a Natureza. Os Anjos Curadores executam sua missão em grande parte, mas não inteiramente, pelo uso deste poder, pela restauração do completo funcionamento dos *Chakras* interessados, e ocasionalmente, pela efetiva mudança de substâncias nos corpos físico, etérico e superfísico. Também dirigem uma poderosa corrente de forças clarificadoras, vitalizantes e curadoras, desde suas próprias auras e de outros reservatórios naturais, através dos corpos físicos, etérico e astral especialmente, por esse meio estabelecendo condições sob as quais os processos naturais de eliminação e de cura podem restituir a saúde ao doente.

Em todo o período pré-natal e durante toda a vida, a força-Verbo Egoica é continuamente emitida através dos átomos permanentes, dos *Chakras* e dos corpos físico e superfísico. Quando ocorre danos, é este sempre ativo poder formador que torna possíveis a reparação e a reconstrução do tecido de acordo com a forma original. Neste processo, também os anjos e espíritos da Natureza dão sua participação construtiva.[34] Assim, até o momento da morte, quando o Ego se afasta, o corpo físico está sujeito à influência do "Verbo" Egoico. A desordenada atividade celular e bactérica *post-mortem*, conhecida como decadência, é devida à ausência desta influência

---

[34] *O Milagre do Nascimento*, Geoffrey Hodson, Ed. Teosófica, Brasília, 2012. (N.E.)

do Ego. Quando os corpos astral e mental são por seu turno abandonados, o "Verbo" torna-se também silencioso, astral e mentalmente, recolhendo-se o Ego às condições subjetivas de repouso criador e bem-aventurança celestial.[35]

Depois disso, no devido curso, ele acorda. De novo a força-Verbo é emitida e inicia-se uma nova encarnação.

Desde que o homem é um epítome do Sistema Solar, uma manifestação microcósmica do Macrocosmo, encontram-se estreitas semelhanças entre os processos criadores acima descritos e aqueles pelos quais um Universo vem à existência. No homem, o microcosmo e o Macrocosmo se encontram. O mesmo não se pode dizer dos anjos, pois normalmente não possuem corpos etéricos e físicos; nem tampouco é aplicável aos animais, que não têm os três princípios superiores da Vontade, Sabedoria e Inteligência abstrata. No homem, entretanto, estão contidas as plenas possibilidades de autoexpressão Macrocósmica. O propósito de sua existência é que de seu interior ele desenvolva os seus poderes macrocósmicos, para que possa por sua vez atingir a estatura do *Logos* de um Sistema Solar, "perfeito como seu Pai, que está nos Céus".[36] Poder-se-ia quase admitir que desde que os mesmos princípios governam os processos criadores microcósmicos e macrocósmicos, as encarnações repetidas propiciam o treino e a prática necessários para a posterior manifestação macrocósmica do poder criador do homem.

---

[35] *O Plano Mental*, C. W. Leadbeater. Editora Teosófica, Brasília, 2019. (N.E.)
[36] *Mateus* V, 48.

Parte II
Descrições

Capítulo I

Os Deuses Maiores

As Hostes de Sephiroth

É dual a contribuição da Filosofia Oculta ao problema da emanação e constituição do Universo. Consiste, primeiro, na afirmação da existência na Natureza de uma Inteligência diretora, uma Vida mantenedora, e uma Vontade criadora; segundo, de informações concernentes à existência, natureza e funções das corporificações individuas destas três Forças na Natureza, denominadas no Egito e Grécia "Deuses", no Leste "*devas*", e no Oeste, "Hostes Angélicas".

A Filosofia Oculta partilha do ponto de vista da Ciência de que o Universo consiste não de matéria apenas, mas de energia, e acrescenta que o Universo de força é o Reino dos Deuses. Pois fundamentalmente estes Seres são diretores de forças universais, agentes da energia do *Logos*, Seus engenheiros ou artífices no grande processo criador, encarado como contínuo. A energia criadora é perpetuamente vertida. Em sua marcha de sua fonte original até a manifestação material como substância e forma física, ela passa pelos corpos e auras dos Deuses. Durante o processo ela é "transformada", "reduzida" em sua potência primordial. Assim os Deuses criadores são também "transformadores" de energia.

Os mais elevados entre os Deuses objetivos ou plenamente manifestados são os Arcanjos Solares, os Sete Poderosos Espíritos ante o Trono. Constituem os sete Vice-Reis do tríplice Imperador Solar. Um Esquema ou Reino planetário[37] no Universo recém-nascido é determinado desde o início para cada um dos Sete. Cada um d'Eles é uma esplêndida figura, resplandecente de luz e força solar, uma emanação do *Logos* setenário, cujo Poder, Sabedoria e Beleza nenhuma forma simples pode manifestar. Esses poderosos Sete, permanecendo no seio da chama primordial, modelam o Sistema Solar segundo a "ideia" divina. São os sete Sephiras, acerca dos quais e de seus três Superiores, a Trindade Suprema, são dadas informações mais completas na Parte III. Colaborando com eles, escalonados numa vasta hierarquia de seres, estão as hostes de Arcanjos e anjos, os quais "impregnam a matéria primordial com o impulso evolucionário e guiam suas forças formadoras, na modelação de suas produções."[38]

Os Deuses diferem do homem no sentido de que no presente *Maha-Manvantara*[39] suas vontades não se tornaram tão marcadamente diferentes da Vontade Una. Neles inexiste quase completamente o senso humano de personalidade separada. Seu caminho de evolução, que, no atual Sistema Solar, não penetra tão profundamente o mundo físico como o do homem, conduz da cooperação instintiva para uma cooperação autoconsciente com a Vontade Uma. A Ciência Oculta ensina, entretanto, que em períodos precedentes ou futuros de manifestação eles foram ou virão a ser homens. Diz H. P. Blavatsky:

> "O Cosmos todo é guiado, controlado e animado por séries quase Infinitas de Hierarquias ou Seres sencientes, cada uma tendo uma missão a cumprir, e quer lhes demos um nome ou outro, quer os chamemos *Dhyan Chohans* ou Anjos – são 'Mensageiros' apenas no sentido de que são os agentes das Leis *Kármicas* e *Cósmicas*. Variam infinitamente em seus respectivos graus de consciência e inteligência; e denominá-los todos

---

[37] Um sistema setenário de planetas físicos e superfísicos, dos quais sete estão representados fisicamente por Vênus, Vulcano, Júpiter, Saturno, Netuno, Urano e a Terra. Vide *The Solar Sistem* de Arthur Powel.

[38] *A Doutrina Secreta*, H. P. Blavatsky. Vol. I, p. 246. H. P. Blavatsky. The Theosophic Publishing House. Adyar, Chennai, Índia.

[39] *Maha-Manvantara*, em sânscrito. *Manvantara* maior, como o Esquema Planetário ou Sistema Solar.

Espíritos puros, sem qualquer das ligas terrenas, 'que o tempo costuma corroer', é somente ceder à fantasia poética. Pois cada um destes Seres ou foi homem no passado ou prepara-se para sê-lo, se não no atual, então num futuro ciclo (*Manvantara*). Eles são homens *perfeitos* quando não *incipientes*; e em suas esferas superiores menos materiais, diferem moralmente dos seres humanos terrestres somente em que estão isentos de sentimento de personalidade e da natureza emocional humana – duas características puramente terrenas. Os primeiros ou os 'perfeitos' libertaram-se desses sentimentos, porque: a) Não mais possuem corpos de carne – um peso sempre entorpecedor na Alma; e b) estando o puro elemento espiritual desembaraçado e mais livre, são menos influenciados por *Māyā* que o homem, a não ser que seja um Adepto que conserva suas duas personalidades – a espiritual e a física – inteiramente separadas. As Mônadas incipientes, não tendo tido ainda corpos terrestres, não podem ter nenhum senso de personalidade ou EGOísmo. O que se entende por 'personalidade' sendo uma limitação e uma relação, ou, como o define Coleridge, "individualidade autoexistente, mas com uma natureza por base", não pode ser obviamente aplicado a Entidades não humanas. Mas, como um fato reafirmado por gerações de Videntes, nenhum destes Seres, elevados ou não, tem individualidade ou personalidade como Entidades Separadas, isto é, não possuem individualidade no sentido em que o homem diz 'Eu sou eu próprio e nenhum outro'. Em outras palavras, eles não são conscientes de nenhuma separatividade distinta, como o são os homens e as coisas da Terra. Individualidade é a característica de suas respectivas Hierarquias, não de suas unidades; e estas características variam somente com o grau do plano a que pertencem estas Hierarquias; quanto mais próxima da região da Homogeneidade e do Divino Ser, tanto mais pura e menos acentuada é essa individualidade na Hierarquia. São seres finitos sob todos os aspectos, com exceção de seus princípios superiores – as Centelhas imortais refletindo a Chama Divina Universal, individualizadas e separadas apenas nas esferas da Ilusão, por uma diferenciação tão ilusória quanto as demais. São os 'Seres Viventes' porque são as correntes projetadas da VIDA ABSOLUTA na tela Cósmica da Ilusão; Seres em quem a vida não pode extinguir-se, antes que o fogo da ignorância seja extinto naqueles que sentem estas 'Vidas'".[40]

---

[40] *A Doutrina Secreta*, H.P. Blavatsky, Vol. I, Ed. Pensamento, São Paulo. (N.E.)

Duas Correntes de Vida em Evolução

O conceito, baseado em pesquisas ocultas, de certas Ordens das Hostes Angélicas como Inteligências criadoras e diretoras, expressões dos aspectos da natureza e consciência Divinas, Senhores dos elementos sutis da terra, água, ar e fogo, e Deuses de regiões da Terra, difere em um aspecto, pelo menos, do de certas escolas de pensamento cristão. A investigação não apoia o ponto de vista de que os anjos são seres humanos falecidos. Ao contrário, ela revela que a natureza e o caráter humanos não sofrem qualquer mudança imediatamente após a morte; que o temperamento, simpatias e antipatias, dons, capacidade, e, para a maioria, a memória, permanecem inalterados no começo. De acordo com a Bíblia, existiam anjos antes da morte do primeiro homem. Eles estavam presentes quando foi proferida a sentença sobre Adão e Eva, e um estava colocado com uma espada chamejante "para guardar a Árvore da Vida"[41]. Entretanto, parece-nos não haver nas Escrituras nenhuma base para a crença de que a morte transforma homens em anjos. Com efeito, falando de homens, diz S. Paulo: "Fizeste-o um pouco menor que os anjos"[42].

O relato bíblico dos anjos como ministros e mensageiros de Deus para os homens, aparecendo a pessoas em horas de necessidade, é corroborado pelo ensino da Filosofia Oculta. Assim, também, é a visão de Jacó em Bethel, onde ele viu "uma escada colocada sobre a terra, cujo topo atingia o céu; e observou os anjos de Deus subindo e descendo por ela"[43]. A Ordem dos anjos é hierárquica. Nos graus inferiores da escala angélica estão os espíritos menores da Natureza, duendes e gnomos, associados com o elemento terra; fadas e silfos com o do ar; ondinas e nereidas com o da água; e salamandras com o do fogo. Acima deles, como já posto, estão os anjos e Arcanjos, em uma escala ascendente de estatura evolucionária, até atingir os Sete Poderosos Espíritos ante o Trono Incontáveis em seu número, inu-

---

[41] *Gênese* III, 24.
[42] *Hebreus* II, 7 - também Salmos VIII, 5.
[43] *Gênese*, XXVIII, 12.

meráveis em suas Ordens e graus, os Deuses habitam os mundos superfísicos, cada Ordem executando sua tarefa particular, cada qual possuindo poderes específicos e apresentando uma aparência característica. O conjunto constitui uma linha de seres em evolução, no presente seguindo uma senda evolucionária paralela à do homem, e que com ele usa este planeta e Sistema Solar como um campo de atividade e desenvolvimento.

A Aparência dos Deuses Maiores e Menores

Como poderá ver-se pelas descrições que seguem e pelas ilustrações na Parte V, a forma angélica se fundamenta no mesmo Arquétipo ou "ideia" divina que a do homem. Os contornos, entretanto, são menos claramente definidos, os corpos menos substanciais, sugerindo mais forças fluindo do que formas sólidas. Os próprios anjos diferem na aparência segundo a Ordem a que pertencem, as funções que exercem, e o nível de evolução em que se encontram.

Duendes, elfos e gnomos aparecem nos países ocidentais, muitos como o são descritos no folclore. Em alguns países do Oriente, da América Central e do Sul, suas formas são mais arcaicas, e mesmo grotescas. Ondinas ou nereidas, associadas ao elemento água, assemelham-se a lindas e geralmente despidas figuras femininas, sendo a feminilidade sugerida pelo arredondamento das formas, pois, tanto quanto pude constatar, no Reino dos Deuses há diferenciação de polaridade e não de sexo. Variando em altura, desde umas poucas polegadas até dois ou três pés, as ondinas são vistas brincando nos borrifos das quedas d'água, recostando-se nas profundezas de imensos poços ou flutuando velozmente na superfície de rios e lagos. Fadas e silfos associados ao elemento do ar geralmente aparecem à visão clarividente como os representados em contos de fadas. Assemelham-se a lindas virgens com asas vivamente coloridas, não usadas para voar, uma vez que estes seres flutuam rápida ou vagorosamente, à vontade, com suas formas rosadas e brilhantes, parcialmente veladas pelas suas "vestes" diáfanas, construídas de força. Salamandras, associadas com o elemento fogo, aparecem como se construídas de chama, a forma, continuamente mutável, mas sugestiva da forma humana, os olhos faiscantes de ígneo poder. O queixo e as orelhas são agudamente pontudos e o "cabelo" frequentemente corre da cabeça para trás, parecendo línguas de fogo, enquanto as salamandras mergulham profundamente nas chamas de fogo físico ou atravessam-nas voando.

Variações destas formas se veem em diferentes países do mundo e em diversas partes do mesmo país. Em regiões não devastadas e não demasiado populosas, a zona rural da Inglaterra é rica em vida de duendes, sendo sua descrição dada na Parte II, Cap. IV.

A Morada dos Deuses

Os Deuses conhecem o sol físico e superfísco, como sendo o coração e a fonte de toda a força de vida dentro do Sistema Solar. Deste coração, as energias vitalizadoras, que são "sangue" vital do "corpo" solar e planetário do *Logos*, fluem e refluem continuamente. Ao manifestar o Universo, Ele, o *Logos* Solar, "expira" Sua força criadora, que flui para todos os confins de Seu sistema, causando o aparecimento do Universo material. Ao fim do Dia criador, Ele "aspira", Sua força é retirada, e o Universo material desaparece, reabsorvido NAQUELE do qual tudo proveio. Estas expirações e inspirações da vida e energia solares é rítmica. O maior "Verbo" criador ou o acorde do Sistema Solar consiste de inumeráveis frequências, de diferenças de medidas vibratórias produzindo diferenças de substâncias e forma. A grande raça dos Deuses vive e evolui dentro deste Universo de forças em fluxo e refluxo.

Deus da Montanha

Num simples planeta, como a nossa Terra, os Arcanjos e anjos Solares são representados por Deuses planetários correspondentes. Além destas Inteligências criadoras maiores, há anjos presidindo divisões e áreas da superfície da Terra. São denominados Anjos de Paisagens, e estão parcialmente ligados aos processos criativos evolucionários dos reinos da Natureza, mineral e vegetal. Uma montanha é um corpo, um organismo vivo, evolucionante, como certamente o é toda a Terra, na qual estão encarnados os Três Aspectos do *Logos*. Pelo menos, três processos ocorrem dentro e em torno de cada montanha: a criação da evolução, pela ação do Pensamento-Vontade Divinos de átomos, moléculas e cristais de que a montanha se forma, a vivificação da substância e forma pela subjacente Vida Divina, e o despertamento e desenvolvimento da consciência mineral encarnada. Em cada um destes processos, a Natureza é assistida por hostes de espíritos da Natureza e de Deuses trabalhando sob a direção de um Oficial responsável, que é o Deus da montanha. Quando um pico é parte de uma cordilheira, toda esta, por sua vez, será presidida por um Ser de bem maior evolução, da mesma Ordem que a dos Deuses dos picos isolados.

A aparência destes Seres é a mais magnificente, como se mostra nas ilustrações da Parte V deste livro, muito além da realidade, apesar da perícia da artista. De enorme altura, frequentemente atingindo de 9 a 18 metros, o Deus da montanha é circundado de todos os lados por precipitantes forças áuricas, brilhantemente coloridas. Essas fluem da forma central, em ondas, redemoinhos e vórtices, variando continuamente de cor, em resposta às mudanças de consciência e atividade. O rosto é, em geral, mais claramente visível que o resto da forma, que não raro é velada pelas energias fluentes. As feições são sempre vigorosas, e contudo lindamente modeladas. A testa é ampla, os olhos afastados e fulgurantes de força e luz. Enquanto no homem os *Chakras* do coração e do plexo solar são distintos, nos Deuses da montanha e em outros são algumas vezes conjugados, para formar um brilhante centro de força frequentemente em cor de ouro, do qual nascem e fluem muitas das correntes de força. Ocasiões há em que estas correntes tomam a forma de grandes asas estendidas por centenas de jardas de ambos os lados da majestosa figura.

Ainda que tais Deuses vivam intensamente suas próprias vidas entre seus pares, nos superiores mundos superfísicos, parte de sua atenção está quase continuamente voltada para a montanha embaixo, para o interior da consciência e vida adormecidas, às quais enviam continuamente correntes de força estimulantes e vivificadoras. Ocasionalmente, a fim de executar mais rápida e eficazmente suas funções vivificadoras, um Deus descerá profundamente até o duplo mental-astral da montanha, suas potentes energias unificadas com as forças criadoras de que a substância e a forma da montanha são produtos, sua vida fundida com a Vida subjacente e sua consciência una com a Mente Divina encarnada. Depois de algum tempo ele reaparece e reassume sua alta posição no alto do pico.

Como foi dito acima, os Deuses de picos isolados estão subordinados a um Deus ainda mais elevado, o qual, embora maior e mais brilhante, parece-se com seus subordinados e executa funções similares para toda a cordilheira e paisagens adjacentes. Tais grandes Deuses da Natureza não estão usualmente interessados no homem, nem tampouco demonstram conhecimento da vida humana e de suas maneiras de pensar. Intensamente concentrados em suas tarefas, eles são em geral remotos e impassíveis, tanto quanto os picos nevados. Alguns deles, entretanto, parecem ter tido contato com os homens em civilizações primitivas e ter conservado interesse pela evolução humana, e desejam, ocasionalmente, inspirar e aconselhar indivíduos e grupos humanos responsivos às suas influências.

Mensagens das Alturas

Entre os numerosos Deuses de montanha observados nas Montanhas da Serra Nevada, na Califórnia, os dois presentemente descritos mostraram interesse no homem e em seu conhecimento. Acerca do primeiro destes Deuses, escrevi ao tempo da observação:

A grande esfera de sua[44] aura externa resplandece branca como campos de neve à luz do sol, que ele atravessa majestosamente. Dentro da

---

[44] Masculino apenas por conveniência, embora a masculinidade tenha sido sugerida na virilidade e poder do rosto, forma e influência desse Deus em particular, como de fato de todos os deuses da montanha que eu havia visto.

branca radiação e parcialmente velado por ela, brilha o verde profundo dos ciprestes, e também dentro destes, a dourada glória do sol meridiano. Então, cintila uma luz rosada, da mais delicada cor, seguida de azul celeste e por último da toda branca, radiante e divina forma.

O rosto ostenta robustez, maxilar retangular e enérgico. Os "cabelos" assemelham-se a chamas adejantes e tremulantes, e no ar, em cima, uma coroa de radiantes energias, impelidas para o alto, brilha com as cintilantemente coloridas joias de seus pensamentos.

Uma tentativa para descobrir algo do conteúdo de sua consciência, e mais particularmente de seu ponto de vista relativo aos Deuses, à Natureza visível e à relação ideal do homem para com ela, deu-me a impressão da exposição de princípios sucessivos, cada um seguido de uma profunda pausa, em que a ideia é apoiada e assimilada. O Deus parecia "dizer":

> "O globo é um ser vivo, com poder, vida e consciência encarnados. A Terra respira. Seu coração bate. É o corpo de um Deus que é o Espírito da Terra. Os rios são como seus nervos, os oceanos grandes centros nervosos. As montanhas são as estruturas mais densas do gigante, cuja forma é o campo evolucionário do homem, e cuja vida interna e energias potentes são a moradia permanente dos Deuses.

> "Há uma valor na vida ativa, um poder e beleza no garbo externo da Natureza. Um poder muito maior e uma beleza muito mais profunda jazem sob seu véu, que só pode ser descerrado pela silenciosa contemplação de sua vida oculta.

> "O coração da Natureza, a não ser sua pulsação rítmica, permanece em silêncio. O devoto no santuário da Natureza deve aproximar-se de seu altar reverentemente e com mente tranquila, se deseja perceber o pulsar de seu coração e conhecer o poder dentro da forma.

> "O contato do homem moderno com a Natureza é quase que exclusivamente através da ação e de seus sentidos exteriores. Pouquíssimos, dentre seus devotos humanos, se assemelham a ela em placidez, com os sentidos externos quietos e o interno desperto. Poucos são, pois, os que descobrem a Deusa atrás de seu véu terreno.

"Existe a entrada para seu templo, e há de ser encontrada em cada forma natural. A contemplação de uma simples flor pode levar o buscador a ingressar. Uma planta exibindo a simetria da Natureza, uma árvore, uma cadeia de montanhas, um pico isolado, uma correnteza de rio, uma cascata atraente, cada um e todos eles propiciarão à alma contemplativa do homem uma entrada no reino do Real, onde mora o Eu da Natureza.

"É na contemplação das formas exteriores da Natureza que se deve aproximar da entrada do seu templo. Autoidentificação com a sua Vida interior, profunda resposta à sua beleza exterior ou interior – eis os meios para ingressar no seu recôndito santuário.

"Dentro, aguardam os Altos Deuses, os Seres atemporais, os perpétuos Sacerdotes, que oficiam durante todo o Dia criador dentro do templo, que é o mundo natural.

"Poucos, demasiado poucos, encontram a entrada, depois que a Grécia se tornou uma ruína e Roma caiu em decadência. Os gregos da antiguidade viveram na simplicidade. As complexidades ainda não tinham aparecido. O caráter humano era reto, a vida humana simples, e as mentes humanas, se um tanto primitivas, eram sintonizadas com a Alma universal.

"A roda gira. Os dias áureos retornam. A Natureza apela novamente para o homem que, se ouve, empenha-se em responder. O homem atravessou o ciclo de trevas, que se seguiu à queda de Roma. Contudo, envolvido em crescentes complexidades, ele perdeu o seu contato com a vida interna da Natureza. Para recuperá-lo, tem que pôr de lado tudo o que embote os sentidos, tudo o que é grosseiro, tudo que é impuro e toda a indulgência. Deve aproximar-se do divino coração da Vida em silenciosa contemplação e com inteira sinceridade; só assim se pode encontrar esse coração."

Um segundo Deus da montanha, cuja figura aparece na Ilustração 15, foi assim descrito na ocasião:

Ali chegou das alturas um grande Anjo branco, cintilante como a luz do sol sobre a neve. Em todos os lados sua esvoaçante aura com brilhantes matizes de rosa pálido, azul pálido, e delicados verdes e púrpura, ordenadas em faixas sucessivas desde o centro da forma até o final da aura. De sua cabeça se ergue e se alarga uma ígnea força branca, na parte de trás da forma emanam ondas de energia sugerindo asas áuricas.

O rosto é forte, viril, masculino. A testa é larga, os olhos afastados e coruscantes de poder. Os "cabelos" são formados de cintilações de chama, semelhantes à força ígnea alcançando-se acima da cabeça. O nariz e o queixo são delicados, mas fortemente modelados, os lábios cheios, todo o rosto impregnado de majestade e força da cordilheira. A forma em si é velada por correntes de fluente energia branca. A intervalos, por toda a forma e o extravasante poder, há um lampejo de radiância branca, de brilho ofuscante, tal como a neve iluminada pelos raios de sol.

Ele atende a meu apelo por luz "falando" como se em um baixo[45], profundo e ressonante, vibrante como se fosse a potencia da própria Terra:

> "Os Deuses esperam a reunião consciente da mente do homem com a Mente Universal. A humanidade acorda lentamente. Cegados pela matéria, através dos séculos, poucos homens percebem até agora a Mente dentro da substância, a Vida dentro da forma.
>
> "Em busca de poder e riquezas, os homens têm percorrido toda Terra, penetrado as florestas, escalado os picos e conquistado os desertos polares. Deixemo-lo, agora, buscar dentro da forma, escalar as alturas de sua própria consciência, penetrar suas profundidades, em busca daquele Poder e Vida internos, os únicos pelos quais podem tornar-se fortes em vontade e espiritualmente enriquecidos.
>
> "Aquele que assim abre sua vida e mente à Vida e Mente Universais, subjacentes em todas as coisas, entrará em união com elas, e a esse os Deuses aparecerão.
>
> "Que ele deliberada e resolutamente assim medite:
> Poder Universal,
> Vida Subjacente,

---
[45] Conquanto essas comunicações sejam apenas mentais, palavras, e mesmo impressões de timbre vocal, são algumas vezes transmitidas ao cérebro.

Mente onipenetrante,
"Eu sou uno Contigo."
"Deuses do Poder, da Vida e da Mente,
Eu vos saúdo.
No Eu do Universo somos unos,
Eu sou esse Eu, esse Eu sou eu."

Capítulo II

As Hierarquias Angélicas da Terra

Um Conjunto Estupendo

A Ciência Oculta afirma que o Universo, como espírito e matéria, vida e forma, consciência e veículos, com todos os seus constituintes e habitantes, é um organismo único, uma unidade vivente. Todos os indivíduos são como centros, órgãos ou células de um Ser Superior, de quem são manifestação e parte. Esses Seres Superiores, por sua vez, são expressões do poder, da vida e consciência de Inteligências ainda mais altamente evoluídas. Esse sistema hierárquico culmina em um Todo-Ser oni-inclusivo, a soma e síntese de toda a criação, a suprema Divindade, o Ser Solitário.

Como todos os átomos, células e órgãos do corpo humano se unificam nesse organismo, assim todos os seres estão unificados nos divinos Poder, Vida e Consciência unos e oniabarcantes, e seus vários veículos, desde o mais tênue até o mais denso. Tais veículos, por sua vez, constituem o Universo visível e invisível, que é criado pelo Poder Uno, sustentado pela Vida Una, modelado, dirigido e transformado pela Inteligência Una, ordenado pela Lei Una e composto, fundamentalmente, de Elemento Uno.

Fisicamente, o Universo ostenta exuberante variedade e riqueza de individualidade de seres e formas aparentemente separados. Superfisicamente, entretanto, começa a ser percebido o princípio vital unificador. Espiritualmente, tudo é visto como o produto e a expressão de um Poder deífico, criador, sob a operação de uma Lei imutável.

A Tela do Tempo e do Espaço

Talvez se possa extrair uma analogia do cinema. Numerosas formas em movimento contínuo aparecem na tela. Se se observar o feixe de luz entre o projetor e a tela, principalmente se a fita for colorida, só se poderão perceber as mudanças de cor, luz e sombra. Por sua vez, estas mudanças são produzidas pela passagem em frente do foco de luz do filme em que foram tomadas as imagens originais. Este filme, ainda que invisível para a assistência, é o fator que determina a natureza dos fenômenos na tela. As imagens na tela, as mudanças e os movimentos no feixe de luz, e as figuras no quadrinho do filme, são positivamente numerosos, e diferentes. No entanto, atrás de todos eles está a simples luz que produz as figuras, e sem a qual não poderiam aparecer.

Se a analogia – admitimos não absolutamente perfeita – for aplicada aos fenômenos transmitidos ao homem pelos seus sentidos, o Universo de tempo-espaço corresponde à tela. O feixe de luz representa a energia criadora emitida de sua Fonte, passando através dos mundos superfísicos para produzir o Universo visível. A lente representa a Mente Criadora, através da qual os Arquétipos são enfocados na tela universal. O filme corresponde às "formas" arquetípicas, e a luz simples representa o efeito primário da atividade do Único Poder Criador (a corrente) pelo qual todas as coisas são feitas. Tal como as figuras na tela, o feixe de luz, a lente, os rolos do filme, a luz e a corrente elétrica são todos parte de um esquema coordenado para a projeção de imagens, de sorte que todas as porções do Universo, aparentemente separadas, são em realidade partes de um mecanismo único. A função desta "máquina" animada, carregada de força-vida, é criar, projetar na matéria e por fim aperfeiçoar miríades de substâncias, objetos e seres, previamente concebidos.

Arcanjos Solares

O princípio da unidade em meio à diversidade é perfeitamente ilustrado pelo Reino dos Deuses. A totalidade das Hostes Angélicas e espíritos da Natureza de um Sistema Solar é a manifestação de um Arcanjo Solar de inimaginável esplendor, dentro do qual todos os anjos vivem, se movem e têm seu ser. Deste centro e fonte de sua existência todos emanaram, e a Ele, ao final, todos retornarão.

A fim de se manifestar, o Único e Supremo Ser se expressa em três modos de atividade. Três Aspectos, cada um dos quais se pode presumir encontrar expressão como um Arcanjo, apenas levemente menor do que o Ser Solitário. Estes Três são os Aspectos criador, conservador e transformador; potências criadoras masculina, andrógina e feminina: uma dessas forças predominará num dos Arcanjos que as representam e presidem. Embora sejam três poderosos Seres, também são projeções e expressões do Ser Primordial. Estas três Emanações, por sua vez, unem-se em cada possível combinação para produzir uma sétupla autoexpressão da Mônada Divina. Cada uma dessas expressões é representada no Reino Angélico por um elevado Arcanjo, e todos estes são referidos no Cristianismo como os Sete Poderosos Espíritos ante o Trono, e alhures, como os Sete Arcanjos da Presença, os Cosmocratores, os Sephiroth.

O impulso criador brilha qual luz provinda do Uno, através dos Três e dos Sete para produzir nos mais altos níveis espirituais e sob as leis de número e harmonia, as formas ideais, os Arquétipos de cada coisa vivente, em todos os reinos da Natureza, inclusive o humano e o angélico. Um Arcanjo preside cada etapa da projeção do Arquétipo. A cada grau de densificação, em cada plano sucessivamente mais denso da Natureza, anjos de Ordem apropriada incorporam o poder e o intento do Pensamento-Vontade-Criador, e o assistem em sua expressão como formas evolucionantes. Este sistema hierárquico impera em todos os níveis, sendo cada um dos grupos inferiores uma expressão de uma só Inteligência Superior.

Nos Planos[46] Astral e Etérico, os espíritos da Natureza não individualizados constituem a mais ínfima Ordem na Hierarquia das Hostes Angélicas. Em sua resposta meramente instintiva ao pensamento-vontade de seus superiores, e em sua atenção aparentemente sem objetivo, embo-

---

[46] O Universo consiste de sete mundos ou planos, cada um composto de matéria de sete graus de densidade; o físico e o etérico se combinam para formar o mais denso, seguido pelo astral, mental, intuicional, espiritual e dois outros, até agora além do alcance da consciência humana. Vide *Introdução à Teosofia*, C. W. Leadbeater e *Fundamentos de Teosofia*, C. Jinarajadasa. [ambos editados pela Editora Teosófica].

ra inconscientemente proposital, até certo ponto correspondem às várias sombras e cores que se movem no feixe de luz do projetor do cinema, vindo o Universo visível à existência como resultado de suas atividades criadoras.

Este método hierárquico de autoexpressão, pelo Princípio primordial e deífico, também opera através de Ordens de diretores angélicos da evolução da vida e da forma, em áreas de diferentes dimensões. Assim, um único Arcanjo preside o conjunto do Sistema Solar. Cada um dos órgãos superiores do Sistema está também sob a direção de uma inteligência de apropriada estatura evolucionária. Nossa Terra, por exemplo, como uma unidade física composta de terra, água, ar, fogo e éter, e de seus planos de vida superfísicos, é um veículo do Arcanjo do planeta. Para este Ser, cada um dos planos ou esferas físicas e superfísicas – sete ao todo – que unidos constituem a Terra toda, é um veículo de consciência. A vasta companhia de seres angélicos solares e planetários é algumas vezes referida como sendo o Exército de Luz e as Hostes do *Logos*.

Arcanjos Planetários

Os Arcanjos ou Regentes Espirituais dos planetas, cada um dos quais mantém um Embaixador e uma "Embaixada" na Terra, têm sido referidos um tanto graficamente como Caracóis Celestes[47] que se movem com aparente lentidão em suas órbitas ao redor do Sol, cada um conduzindo seu planeta físico nas costas, qual uma casa ou casca. Os atributos astrológicos e as influências psicológicas, mentais e espirituais de corpos celestes emanam em muito dessas Inteligências animadoras.

O Arcanjo de um planeta pode ser considerado uma síntese de todos os outros Arcanjos, anjos e espíritos da Natureza, dentro do campo planetário. Imediatamente abaixo do Arcanjo planetário talvez se possam colocar os Arcanjos de cada um dos sete planos ou esferas, dos quais toda a substância de cada um é um veículo do Arcanjo daquele plano. Disto se segue que cada um dos anjos aparentemente individuais de um plano é em

---

[47] *A Doutrina Secreta*, H. P. Blavatsky, Vol I e Vol. V. Editora Pensamento, São Paulo. (N.E.)

realidade uma expressão do poder, da vida e da consciência desse plano como um todo, e do seu Arcanjo. A compreensão desta unidade fundamental é de capital importância para se conseguir contato, comunhão e colaboração com os Deuses maiores e menores.

A magia, diz-se, é o processo de produzir resultados físicos visíveis, determinados pelo pensamento-vontade treinado do mago que encontrou a maneira de comunicar-se com as Inteligências angélicas apropriadas, e conseguiu a sua colaboração. A Magia tem sido, por isso, descrita como sendo o poder de falar aos Deuses em suas próprias línguas.

Os Querubins

A Lei Una também encontra expressão em grandes Arcanjos de Luz e é administrada por eles. Diz-se que são em número de quatro, cada um com inúmeros subordinados em ordem hierárquica, cumprindo a Lei de acordo com o duplo princípio de equilíbrio e de causa e efeito. Estes Quatro são às vezes chamados *Lipikas*[48], ou Arquivistas, e outras vezes, os *Devarājas* dos quatro pontos cardeais, os Governadores do Norte, Sul, Leste e Oeste. Estão personificados na religião egípcia como o grande legislador e cronólogo Tehuti e os quatro filhos de Horus: Mestha, Hapi, Tuamutef e Qebbsennuf; no Judaísmo[49], pelas Quatro Santas Criaturas Viventes, os Querubins, ou às vezes por um simples Querubim com quatro faces – de um homem, uma águia, um leão e um boi – e por vários seres de três ou quatro cabeças, em outros sistemas de angelologia. No Cristianismo, os *Lipikas* – atribuídos à Ordem de anjos conhecidos como os Guardiães – são personificados como o Anjo Arquivista, que em um grande livro escreve as ações dos homens, pelas quais estes são julgados.

---

[48] Inteligências excelsas que, como Oficiais do Governo Interno do Sistema Solar, administram a Lei *Kármica*. Os Senhores do *Karma*.
[49] *Ezequiel*, 1: 5 e 6.

A Cruz Ígnea

Não é de fácil compreensão a ideia de que diferentes espécies de energia, cada uma com suas inerentes propriedades ocultas, fluem para as quatro direções do espaço, e vice-versa, e que um Arcanjo está estacionado em cada quadrante, como Diretor dessa energia. Em explanação ulterior se pode, pois, dizer que se concebe o Fogo Criador como descendo verticalmente do zênite ao nadir para penetrar até a substância virginal ou espaço pré-cósmico, visto diagramaticalmente como horizontal. Uma cruz é assim formada, estando o ponto de penetração na intersecção dos braços. Este ponto no espaço denota o centro do qual surge o processo criativo e construtivo para transformar o caos em Cosmos. Aqui está o Sol central. Aqui o *Logos*, como Inteligência e Poder Criadores, estabelece o Arquétipo ou Ideação Cósmica, da qual tudo se desenvolve sob a lei do Tempo, ou através de ciclos sucessivos.

O pensamento imbuído, o Fogo Criador descendente, irradia horizontalmente do ponto de intersecção principalmente nas quatro direções laterais, ou seja, para o Norte, Sul, Leste e Oeste, às quais se autolimita para fins de manifestação. Com os raios verticais existentes, forma-se assim a cruz de seis braços, a qual constitui o centro ígneo do Cosmos resultante. O Cristo Cósmico é simbolicamente crucificado nessa cruz, e isto se reflete na Crucificação do Cristo histórico.

Cada um dos seis raios criadores ou seis braços da cruz é concebido como possuindo características distintas, que encontram expressão em uma Ordem de inteligências. Então, para cada quadrante é atribuído uma influência especial e um Arcanjo com suas Hostes Angélicas relacionadas com uma hierarquia estacionada em cada quadrante do Universo, por assim dizer. Cada Arcanjo é também um Senhor de um dos quatro elementos, estando o quinto, o éter, associado ao centro da cruz. Como já foi dito, estas Inteligências são os Quatro Sagrados das Religiões do Mundo, os Filhos Nascidos da Mente de *Brahmā*, e os Quatro *Devarājās* do Hinduísmo, os Querubins e os Arcanjos de quatro faces do Cabalismo e Judaísmo, incluindo os quatro animais simbólicos da visão de Ezequiel e relacionados com os quatro Evangelistas.

Diz-se que a ígnea cruz cósmica gira ao redor de seu eixo vertical, como o faz o Cosmos físico ao redor do seu Sol central. Este movimento giratório é reproduzido em toda a Natureza como as revoluções axiais, de sóis, planetas e girantes átomos químicos, nos quais elétrons e outras partículas seguem trajetórias planetárias ao redor de seus núcleos. Os Sistemas Solares, agrupados ou individualmente, e seus planetas componentes, também se movimentam pelo espaço, em percursos orbitais ao redor de sóis centrais.

Estes movimentos axiais e orbitais das revoluções de corpos estelares, solares, planetários e atômicos são manifestações físicas das revoluções ao redor do Sol Espiritual central, no eixo da ígnea cruz cósmica de seis braços de três dimensões, da qual a suástica é um símbolo bidimensional. A suástica é uma cruz de braços iguais, com pequenos braços secundários perpendiculares aos primários. Estes ganchos, como às vezes são chamados, representam as chamas e chispas que refluem para trás à medida que as ígneas cruzes *foháticas*[50] giram continuamente durante o Dia Criador.

Os vórtices cósmicos, nebulares, estelares, solares, planetários e atômicos, vórtices no espaço, turbilhões na matéria – e talvez os *chakras* de animais e homens – são produzidos por esta vasta circungiração da cruz cósmica do Fogo Criador. "*Fohat*", diz-se, "abre sete orifícios no espaço"[51]. *Fohat*, contudo, não é apenas energia elétrica. É dotado de inteligência. Em realidade é um Ser, embora inconcebível como tal ao homem, um Arcanjo de Fogo, um Deus verdadeiro. A descida vertical da força ígnea, as radiações horizontais para os quatro quadrantes do campo esférico, a revolução da cruz resultante, a formação dos centros vorticosos no coração e ao longo dos braços da mesma, e a criação e densificação de Universos e seus componentes, segundo os delineamentos cruciformes e vorticosos – tudo

---

[50] *Fohat*, em tibetano. A Energia da Eletricidade Cósmica, construtora, polarizada em energia positiva e negativa.
[51] *A Doutrina Secreta*, H. P. Blavatsky, Vol.I e Vol. V, Ed. Pensamento, São Paulo. (N.E.)

isso é dirigido pelos chamados Sete Filhos (e Irmãos) de *Fohat*, os grandes Deuses das seis direções do espaço, os Cosmo-construtores, os Arcanjos da Presença, os *Sephiroth*.

A Crucificação Cósmica

O Sétimo, a síntese, o *Logos* Cósmico, o Sol Espiritual, os Cristos, por quem todas as coisas foram feitas, está entronizado no centro. Ali, por todo o *Manvantara*, Ele está voluntariamente autossacrificado, não em agonia e morte e derramando suor e sangue, mas em êxtase criativo e vertendo perpetuamente força e vida. Os Quatro Poderosos, os Querubins, que são também os Registradores das atividades das Noites e dos Dias sucessivos, até as mínimas ocorrências das menores vidas, os *Lipikas* ou Arcanjos do Tempo e da Lei estão estacionados nas extremidades dos braços horizontais. Estes quatro Seres cósmicos nos braços da cruz horizontal são os matemáticos magistrais, por assim dizer, que compreendem a inconcebível complexidade do sempre mutável e sempre crescente entrelaçamento dos *Karmas* de todos os Universos, planetas e seres. Desde que representantes destes Anjos do *Karma* administram a Lei *Kármica* neste planeta a fim de levar a efeito o maior progresso evolucionário possível e a mais estrita justiça para cada indivíduo, eles e seus agentes planetários, os *Karmadevas*, devem ser incluídos entre as Hierarquias Angélicas de nossa Terra.

Os Anjos Nacionais[52]

Toda a raça humana é presidida por um excelso Arcanjo, que exerce continuamente uma influência espiritualizante sobre os Eus Superiores de todos os homens. Este Arcanjo da raça humana unifica-se no nível da Vontade Espiritual, ou *Ātmā*, com cada Ego humano, e emprestando a cada um o seu poder *Átmico*, muito mais altamente desenvolvido, lhes intensifica a

---

[52] Parte do assunto, a cuja gentil permissão devo a sua inclusão em forma revista.

influência de sua própria Mônada e do Raio desta. O grau dessa intensificação e da correspondente resposta do homem varia através de milhares de séculos, de acordo com o efeito da progressão cíclica e da culminação e coincidência dos ciclos componentes. Não obstante, supõe-se que este ministério continue ininterrupto através de todo o período mundial[53], cuja duração, em termos de tempo físico, tem-se dito ser pelo menos de cinquenta milhões de anos.

Cada nação bem estabelecida é presidida, de modo semelhante, por um Anjo Nacional ou Arcanjo Potentado. Esta excelsa inteligência está mais particularmente associada com os Egos de todos os cidadãos da nação. Ele se unifica com cada um e continuamente intensifica a força e vida espirituais do Ego. Algumas vezes também envia um impulso até a personalidade para ela agir da maneira que melhor contribua para o preenchimento do *Dharma*[54] e da evolução até a estatura do homem perfeito.

Um Anjo Nacional pode ser estudado de dois pontos de vista distintos. De acordo com um aspecto, ele pode ser encarado como um membro das mais elevadas ordens da Hierarquia Angélica, designado para este alto cargo. Nessa qualidade ele opera geralmente do nível da Vontade Espiritual, do qual ele obtém um completo conhecimento do *Karma*[55] e do *Dharma* de sua nação, e do desenvolvimento ideal para o qual é parte de seu dever guiar e inspirar o seu povo. Seu trabalho é o de estimular a evolução de sua nação e inspirar seus líderes a tomarem decisões no sentido de auxiliar na realização do *Dharma* nacional. Ele procura reduzir ao mínimo os efeitos dos erros e exercer uma influência moderadora, de sorte que a nação não se afaste indevidamente do caminho que a conduz ao seu mais alto destino, ou fracasse em tomar o seu lugar designado na família das nações.

---

[53] O tempo durante e o qual as sete raças humanas ocupam sucessivamente o planeta em uma ronda. Vide: *O Sistema Solar*, A. E. Powell.
[54] *Dharma*, em sânscrito. Dever, tarefa, destino, reto cumprimento, a contribuição geral e o lugar no esquema da vida.
[55] A reação adversa ou favorável resultante da conduta, isto é, o mau trato da população indigente de países colonizados produz *Karma* adverso, enquanto o auxílio prestado a povos necessitados gera *Karma* favorável. Desde que ambos são educativos, todo *Karma*, em última análise, é benéfico!

Como já foi dito anteriormente, acima dos Anjos Nacionais do mundo há um Ser ainda mais elevado, que auxilia toda a raça humana neste planeta, de maneira análoga àquela em que o Anjo Nacional ajuda o seu povo particular. Superiores a este Oficial existem, com toda a probabilidade, Anjos interplanetários, que servem à totalidade da humanidade em uma Ronda, Cadeia ou Esquema Planetário.[56] Não há dúvida de que este sistema hierárquico se estende até incluir Sistemas Solares, e mesmo Cósmicos, todos ligados entre si por seres angélicos de crescente estatura espiritual.

Um método hierárquico algo similar parece ser empregado pelos membros mais avançados da raça humana, que constituem a Grande Fraternidade Branca dos Adeptos[57], que velam pela humanidade através dos séculos. Há Adeptos responsáveis pela evolução de nações individuais; Oficiais ainda mais elevados que têm a seu cargo continentes, e acima deles, o grande Adepto Planerário, o Governador Planetário, o Rei Espiritual, que é na Terra o Representante do *Logos* Solar. Completa e perfeita cooperação é mantida entre os ramos humano e angélico deste Governo Interno do Mundo. No futuro, à medida que se desenvolverem ordens mais elevadas de consciência e atingir-se um alcance maior da resposta sensorial, os ministros humanos responsáveis pelo progresso religioso, governamental e cultural de uma nação, sem dúvida colaborarão conscientemente com seus superiores espirituais nas hierarquias humanas e angélicas. Então, finalmente, a Terra entrará na tão esperada Idade de Ouro.

Retornando às condições dos tempos atuais, pode-se conceber o Anjo internacional da Raça como um tecelão que usa como fios as características nacionais, o *Dharma* e o *Karma* das nações do mundo, tecendo-os

---

[56] Em Ocultismo se ensina consistir o Sistema Solar de dez Esquemas Planetários, cada um composto de sete Cadeias de globos, superfísicos e físicos. Cada Cadeia é composta de sete Rondas, durante cada uma das quais a corrente de vida, levando consigo os seres evolucionantes, circunda uma vez os sete globos. O período de ocupação de um dos sete globos é chamado período mundial. Vide *O Sistema Solar*, de A. E. Powell, Ed. Teosófica, Brasília, 2015. (N.E.)

[57] Vide: *Os Mestres e a Senda*, de C. W. Leadbeater, Ed. Teosófica, Brasília, 2015. (N.E.)

através dos séculos no modelo que as nações produzirão segundo o plano mantido na Mente Universal, "o modelo no monte"[58]. Por sua urdidura ele está também preparando as raças, ajudando a estabelecer a fraternidade humana na Terra. A despeito de sua força poderosa e de sua perfeita compreensão do Plano divino, ele não procura impor a sua vontade aos homens, nem opor-se ao desejo coletivo de uma nação, por mais erradamente que possa ser dirigida num período qualquer. Porque o homem precisa crescer em virtude de sua própria experiência e da evolucionante vida em seu interior.

O outro aspecto pelo qual o Anjo Nacional pode ser estudado é mais difícil de se entender e explicar, porque pertence a níveis abstratos de consciência. Além da vida e trabalho individual do Anjo, ele é também a soma do conjunto da consciência nacional. Nele estão unificados os milhões de Egos encarnados em uma nação, para formar a Superalma nacional. Os três aspectos da vida da nação, o *Karma*, o *Dharma* e a consciência nacionais se encontram e acham uma única expressão no Anjo Nacional.

Abaixo dos Senhores do *Karma*, ao Anjo Nacional é concedida certa soma de latitude e controle na execução do *Karma* nacional. Tanto pode concentrá-lo de sorte a esgotar rapidamente certas parcelas, como estendê-lo por longos períodos. Tem pleno conhecimento da capacidade de sua nação para suportar a adversidade, e da quantidade de *Karma* adverso que ela é capaz de sofrer sem acarretar-lhe grave retardamento evolucionário. É também capaz de contrabalançar o *Karma* favorável com o *Karma* adverso da nação, e de modificar as condições presentes recorrendo ao *Karma* do passado.

Em todo este ministério, O Anjo tem em vista o futuro e a realização do *Dharma* nacional. Ele não só empresta o seu próprio poder, mas também utiliza as capacidades e características da nação, guiando-a para o preenchimento de seu mais alto destino. No reino da consciência Egoica, ele está apto a acentuar, em dado período, peculiaridades nacionais, de ma-

---

[58] *Êxodo*, 20 : 40.

neira que a nação, se responsiva, tenda a seguir determinado curso. Se as forças e qualidades de um povo são concebidas como visíveis em termos de cor, então se pode dizer que ele faz uma cor especial ou um grupo de cores luzir em determinadas épocas com maior luminosidade na consciência da nação.

Tal é, em resumo, a natureza e a atividade de um Anjo-Governador. A tradição oculta assinala à Deusa Palas Athena, pelo menos até o fim da Idade de Ouro, o encargo de Governadora Arcangélica da nação grega.

Anjos Construtores de Formas Humanas

Cada ser humano, em determinadas ocasiões, também fica sob os cuidados diretos de um membro de uma das Ordens das Hostes Angélicas. Cada ciclo de renascimento humano é presidido por membros das Ordens de anjos particularmente associados com o homem. Como foi descrito na Parte I, Capítulo IV, em cada sucessivo renascimento os Egos humanos recebem individualmente assistência especial de anjos responsáveis pela construção das formas mental, etérica e física. Estes anjos operam em parte sob a direção dos *Lipikas*. A escolha da época, continente, nação, religião, pais, ambiente e oportunidades, sexo, tipo e condições físicas, grau real ou potencial de saúde e doença, tudo é decidido de acordo com a Lei, sob a presidência destas Inteligências e correspondentes Adeptos oficiais. Os diversos *Karmas*, do Ego encarnante, da Pátria, dos membros dos grupos com os quais vai associar-se, de toda a família e do futuro marido ou mulher e filhos, tudo isso é plenamente considerado. O ritmo inerente do Ego-Mônada, o derradeiro destino segundo o temperamento Monádico ou Raio, o *Karma* passado, e as missões imediatas e futuras, são todos revistos, e com justiça infalível são feitas as escolhas mais favoráveis dentro das circunstâncias *Kármicas*.

Uma vez que o número de Mônadas que usam a Terra como um campo planetário está avaliado em sessenta bilhões, e que todos os que estão atualmente passando pelo reino humano recebem esse ministério, os

Anjos da Ordem responsável pela descida do Ego humano à encarnação estão assim incluídos nesta enumeração da população angélica de nosso globo. A função destes seres é parcialmente descrita no Capítulo acima mencionado.

Anjos das Religiões

Cada grande religião do mundo possui seu Arcanjo e ministrantes angélicos designados por Altos Oficiais planetários, Adeptos e Arcangélicos. O mais elevado dos Arcanjos das religiões preside os reservatórios de força espiritual estabelecidos para cada Fé Mundial. Eles conservam e fornecem esta força, quando invocada, tendo em vista a máxima eficiência. Cada Templo, Mesquita, Catedral, Abadia, Igreja, e Oratório, devidamente consagrados, é colocado sob a presidência de um anjo da Ordem associada às Religiões Mundiais. Estes conservam tanto a força aquinhoada ao edifício particular como a que é gerada na cerimônia da consagração. Eles também recebem e dirigem as correntes brotadas da aspiração, adoração e prece humanas, e do poder, força e devoção evocados pelo cerimonial. Além disso, transmitem as respostas da Divindade, do Instrutor do Mundo, das Hostes Angélicas e dos Membros da Comunhão dos Santos, junto com a energia emanada do reservatório.

O supremo Instrutor dos Anjos e dos Homens, conhecido no Oriente como *Bodhisattva*, e no Ocidente como o Senhor Cristo, tem sob Sua direção, diz-se, grandes legiões de Arcanjos e Anjos, que encontram em Seu serviço um contínuo deleite. Em Seu perpétuo ministério a toda a humanidade e aos membros dos reinos angélicos e sub-humanos, Ele envia, segundo suas necessidades, grandes correntes de força, sabedoria, bênção, inspiração, cura e amor. Ele emprega hostes de anjos para conservar, dirigir e aplicar estas expressões de Sua compaixão, plena de amor, por todos esses seres.

Os anjos também assistem aos serviços religiosos, de fins devocionais, e podem-se ver alguns deles flutuando reverentemente na radiação que envolve os Elementos Consagrados. A Cerimônia da Eucaristia está sob a direção de um elevado Anjo, às vezes chamado o Anjo da Eucaristia. No momento da Consagração dos Elementos, um glorioso Ser Angélico parecido com o Senhor Cristo, conhecido como o Anjo da Presença, desce sobre o Altar como Seu representante angélico. Ao cantar o Prefácio, quando se faz referência às Nove Ordens dos Anjos conhecidas na angelologia cristã, que não são senão os Anjos Sephirotais, um representante de cada ordem responde à invocação e confere a força, luz e bênção de sua Ordem aos Oficiantes, Congregação, Igreja e adjacências[59].

Outras Religiões Mundiais têm igualmente a assistência de determinadas Ordens de Hostes Angélicas. A grande cerimônia *mântrica* hindu[60], conhecida como *Gayatri*[61], atrai força solar e enseja que os Arcanjos e anjos especialmente ligados ao Sol oficiem à humanidade.[62]

Todas as demais Ordens cerimoniais válidas (ocultamente eficazes e aceitas pelos Oficiais Adeptos e Arcanjos), em todo o mundo, e especialmente as que como a Franco-maçonaria, se originaram dos Mistérios Menores ou Maiores, e ainda os representam, também recebem a bênção, a presença e a cooperação dos anjos e Arcanjos.

Anjos de Alma-Grupo

A vida consciente, evolucionante, dos reinos animal, vegetal, mineral e elemental da Natureza, como já foi explicado, está sob a direção de determinadas Ordens de Anjos. Esta vida não está individualizada, como é o caso do reino humano, onde cada ser humano é um indivíduo plenamente

---

[59] Para uma descrição mais completa do ministério dos anjos na Igreja Cristã, ver *The Science of the Sacraments*, C. W. Leadbeater, e *O Lado Interno do Culto da Igreja*, Geoffrey Hodson, Ed. Pensamento, São Paulo. (N.E.)

[60] *Mantra*, em sânscrito. Um arranjo rítmico de sons, geralmente sílabas sânscritas, que quando corretamente entoadas, geram e liberam potentes energias, como por exemplo, a Sílaba *OM* e a sentença mística: *Om mani padme hum*, Amém, *Kyrie Eleison* e algumas palavras e sentenças em latim e grego.

[61] *Gayatri, O Mantra Sagrado da Índia*, I. K. Taimni, Editora Teosófica, Brasília, 1991. (N.E.)

[62] Vide *The Lotus Fire*, G. S. Arundale. The Theosophical Publishing House, Adyar, Chennai, Índia. (N.E.)

autoconsciente e responsável.[63] Vastas áreas de Terra, com seus conteúdos mineral, grande número de árvores, plantas, insetos, e menor número de animais e pássaros constituem veículos físicos para uma vida específica, alentadora, chamada Alma-Grupo. A evolução da Alma-Grupo atinge sua apoteose no reino animal, em que o número de representantes físicos se torna cada vez menor até que, finalmente, ocorre o processo de individualização – geralmente de um animal doméstico – e nasce uma alma humana. A manifestação e o desenvolvimento eônicos são continuamente supervisionados e ajudados por ministrantes angélicos, entre os quais estão os que dirigem o processo da divisão da Alma-Grupo em entidades humanas individualizadas.[64]

Reino dos Insetos

Existe uma Ordem Angélica que evoluiu através do ramo de insetos da Natureza. A Mente Universal contém a idealização de todos os modos e formas possíveis de manifestação. A ideação primordial e o Arquétipo incluem o reino dos insetos em toda a sua imensa variedade. As Mônadas evoluem através desse reino, até se tornarem, por fim, Arcanjos Solares e Cósmicos, associados, conquanto não exclusivamente, com esse Raio criador.

Se este conceito parecer estranho pelo fato de certos insetos serem inimigos do homem, deve-se lembrar que o parasitismo, por exemplo, só é abominável quando o hospedeiro tem consciência do desequilíbrio produzido pelo parasita. Os tipos mais indesejáveis, aos olhos humanos, os transmissores de moléstias, os sanguessugas, não são, em realidade, mais repulsivos do que qualquer outro parasita. Desde que o parasitismo seja o princípio que habilita a vida física a persistir, logicamente não se pode condenar nenhum parasita individual, por mais que se deva resistir às suas depredações. É mais fácil reconhecer-se a divindade inerente aos membros

---

[63] *Um Estudo Sobre a Consciência*, Annie Besant. Editora Teosófica, Brasília, 2014. (N.E.)
[64] Vide *The Casual Body*, A. E. Powel, The Theosophical Publishing House, Londres. (N.E.)

mais inofensivos e mais belos do reino dos insetos, do que a daqueles que parecem feios e são perniciosos ao homem. Para muitos, a beleza das libélulas, das traças e das borboletas teria a sua justificação.

Tal como as Mônadas, manifestadas por outras facetas da ideação divina, são guardadas e ajudadas por seus superiores evolucionários, assim o são aqueles que, quando seus Raios começam a tocar o mundo físico, encontram suas corporificações como milhares de minúsculos insetos. Desde então e por toda a sua trajetória ascendente, que culmina em tornar-se um ser perfeito e divino em um dos sete Raios,[65] no qual, como todos os outros, é classificável o reino dos insetos, eles serão o objeto de assistência por parte de seus superiores. Atravessam sua existência física e obtêm tudo o que deles se espera, percorrendo esse reino como borboletas, abelhas, escaravelhos, formigas e outros exemplares principais típicos do Raio dos insetos, e prosseguem nos mundos superfísicos, primeiro como espíritos da Natureza e depois como *rūpa* e *arūpa devas*[66], eles ascendem até alturas Arcangélicas, e mesmo além. As Mônadas que passam pelo reino dos insetos e das formas que animam são portanto de igual importância que todas as outras manifestações, facetas, modos e formas de existência divinas. Presidindo seus Raios, suas Ordens e suas espécies, estão Arcanjos e Anjos, que não somente zelam pela vida subjacente, como também preservam e modelam a forma do inseto para uma maior beleza. Sua presença como guardiães e tutores estimula à ação o natural instinto das numerosas espécies para adotar os hábitos físicos que perpetuam a espécie, os estágios de gestação são atravessados com êxito, o alimento encontrado, o acasalamento é feito e os ovos postos.

---

[65] Vide *Os Sete Temperamentos Humanos*, Geoffrey Hodson, Editora Teosófica, Brasília, 2012. (N.E.)

[66] *Rūpa-Arūpa*, em sânscrito. Com forma ou sem forma, referindo-se aos níveis respectivamente abaixo e acima do quarto subplano mental. No primeiro, a tendência para assumir forma prepondera sobre o ritmo, e no último prepondera o ritmo ou livre fluxo de vida. Os Anjos dos planos *Rūpa* apresentam mais definidamente à consciência humana a ideia de forma corpórea do que os dos níveis *Arūpa*.

O instinto de massa ou memória da raça, que leva cada variedade a adotar os seus adequados modos de vida, é estimulado e dirigido pelos anjos tutelares do reino dos insetos da Natureza. Em alguns casos, em *Manvantaras* anteriores, eles próprios evoluíram através daquele reino e conhecem bem suas maneiras e necessidades. Tais anjos, por tênues que sejam suas formas, seriam corporificações do aspecto da Mente Una, que encontra expressão e expansão em e através do mundo dos insetos. A Mente maternal, oniprotetora, cuida de sua progênie em cada reino, em parte, envolvendo-a com seu pensamento protetor e diretor, e por outra parte, pela assistência de determinadas Ordens das Hostes Angélicas. As Almas-Grupo dos insetos, como também dos pássaros, que se corporificam em grande número de formas, estão todas sob a direção de superiores oficiais angélicos, cada qual auxiliado ou assistido por membros mais novos de sua própria Ordem. Sob essa proteção e tutela, todo o reino de insetos, como todos os outros, evolui para estágios superiores, para formas mais belas e maior inteligência.

O desenvolvimento a que este processo conduz nas Rondas e Cadeias que se seguirão à presente Quarta Ronda e Quarta Cadeia, só pode ser conjeturado. Há, por exemplo, a possibilidade, apoiada em insinuações contidas na literatura oculta, de que a mente e a forma dos insetos poderiam atingir um grau de desenvolvimento tão elevado que poderia ocorrer sua individualização e a posterior evolução continuada nessa mesma forma. Isto prevalece na atual ascensão do reino humano para o super-humano, quando a mesma forma física é usada, se é conservada, ou a mesma espécie de forma é assumida se se toma uma nova. É possível que em princípio pareça fantástica a ideia de um inseto, borboleta, formiga, abelha ou escaravelho ser tão grande ou inteligente quanto o moderno homem se julga ser. Entretanto, se se admite o continuado prolongamento dos processos evolucionários observáveis em toda a Natureza, e a existência e ação da Mente Universal e de suas corporificações angélicas, então, pelo menos, nada há de ilógico em tal suposição.

Belzebu, o chamado ou impropriamente chamado Deus das Moscas,[67] pode talvez ser encarado como inimigo da raça humana atingida por certa classe de insetos, mas se imaginado como o Senhor dos Escaravelhos[68], ou com efeito de toda a vida insetífera, Belzebu, assim concebido, é mais divino do que satânico. É às vezes necessário despir-se de certos preconceitos a fim de ser receptivo à verdade. Isto se aplica especialmente às ideias populares de conceitos tais como Satã, Moloque, e Belzebu, como diretores de processos e Senhores de criaturas que ao homem parecem diabólicas. Pois o processo involucionário que tais seres imaginários parcialmente personificam é tão importante quanto o processo evolucionário para o qual é uma preparação. As abelhas produzem o mel e assim alimentam o homem; polinizam as flores e desta forma também alimentam o homem. As abelhas picam por autoproteção, sua picada é dolorosa e pode ser fatal ao homem, mas não devem por isso ser em si encaradas como diabólicas.

UM *DEVA* DO REINO DAS ABELHAS[69]

Minhas próprias observações têm me levado a acreditar na existência de anjos guardiães, protetores e diretores das abelhas. Certa vez, quando observava algumas colmeias, eu percebi um anjo muito elevado, estabelecido no nível do pensamento abstrato, cuja aura exibia as cores típicas do corpo das abelhas, sublimadas até o nível mental mais elevado, em intensidade e delicadeza de luz e cor. Esta Inteligência pareceu-me ser agente de um Arcanjo presidindo a existência, consciência, forma e evolução da totalidade das abelhas neste planeta. Minhas notas, tomadas nessa ocasião, registram que sob este Arcanjo serve uma hierarquia de anjos, que é representada no nível etérico por espíritos da Natureza construtores das formas físicas das abelhas. Havia um anjo desses ligado às colmeias, de que se fazia este estudo e presumivelmente haveria um em cada colmeia ativa.

---

[67] Vide parte III, Capítulo V. *Os Sephiras Inversos e o Problema do Mal.*
[68] Um conceito cabalístico.
[69] Parte do assunto, a cuja gentil permissão devo a sua inclusão em forma revista.

Estes anjos lembram muito outros anjos associados aos reinos subumanos da Natureza, em temperamento e aparência, porém em suas auras predominavam o amarelo, o dourado e marrom escuro. Eles parecem encarar a evolução das abelhas como algo de muitíssima importância, e levar a sério, embora alegremente, o trabalho de dirigir, guardar e apressar a evolução da consciência das abelhas. Estão em contínuo contato com seus superiores e, através deles, com o Arcanjo planetário ou o Supremo Senhor das abelhas.

Em uma colmeia, a abelha-rainha mostra-se astralmente como um centro dourado de cintilante luz e cor dentro da aura luminosa da colmeia. Ela brilha ali, como um núcleo, e um centro de vida, tanto superfísica como fisicamente. As forças estão continuamente fluindo através dela para a alma-grupo da colmeia; consistem de forças-vida de certas energias criadoras eletromagnéticas, para as quais ela é um centro ou foco na colmeia. Estas forças fluem, além do centro, em minúsculas ondulações, e este movimento incessante produz um som, superfísico, não muito diferente do zumbido das abelhas. A forma da aura da colmeia e da comunidade é a antiga colmeia de palha, isto é, uma cúpula com base plana. Cada abelha aparece, na visão superfísica, como um sinal ou ponto de luz, sendo a aura da rainha maior e mais brilhante que a de todas as outras abelhas.

O anjo parecia trabalhar especialmente para aqueles a seu cargo que estavam na fase da larva, e exercer uma muito distinta e definida função protetora e orientadora naquele estágio, quase como se as abelhas neste planeta não fossem ainda muito capazes, sem tal auxílio, de passar por todos os processos de crescimento depois da incubação. O anjo também influenciava a seleção, alimentação e o desenvolvimento especiais da rainha, e fazia as necessárias ligações entre os átomos permanentes[70], a superalma das abelhas e a rainha selecionada.

A consciência da abelha é instintiva e as muitas evidências de ordenada vida em comunidade entre elas resulta mais do alto desenvolvimento desse instinto que da inteligência. Ainda aqui, é de considerável importân-

---

[70] Vide *Um Estudo Sobre a Conciência*, Annie Besant, Brasília, 2014. (N.E.)

cia o trabalho do anjo de despertar os instintos dos diferentes grupos da comunidade, estimulando o impulso para seguir determinadas linhas de conduta. De modo geral, pode-se dizer que a rainha é o centro de vida da comunidade e o anjo a inteligência diretora. Ele unifica sua mente com a consciência grupal da colmeia, e está até certo ponto preso a ela, submetendo-se a essa limitação por causa do trabalho que lhe possibilita prestar. Fora da colmeia, entretanto, ele dispõe de certa medida de liberdade de consciência, ainda que nos níveis emocional e mental parece permanentemente preso a ela, como se sua retirada significasse ausência de controle e conseguinte desordem na comunidade. Sob esta limitação, não há nenhum senso de restrição; ao contrário, há um absorvente interesse e prazer no trabalho, a alegria do artesão e do artista. O anjo é responsável pelo desenvolvimento tanto da vida como da forma, e é feliz no conhecimento de que está ajudando a aperfeiçoá-los e executando a sua parte no grande plano evolucionário. Tal como as plantas e árvores estão desenvolvendo a emoção, a abelha está desenvolvendo a mente.

A rainha representa a nascente mente superior, abstrata; as obreiras a mente inferior, concreta, e o zangão, o princípio criador. A atração criadora é experimentada mais pelo instinto que pelo desejo; existe sentimento, mas reduzido ao mínimo, como se há muito tivesse sido sublimado.

O anjo, de quem procurei esclarecimentos, indicou que as tentativas do homem para cooperar com o seu reino eram bem-vindas, e expressou a esperança de que pressagiavam a aproximação de uma era de cooperação humana e angélica, na cultura de abelhas, bem como em outros ramos da agricultura. As abelhas, disse ele, corresponderão às iniciativas do homem para unificar sua consciência com a delas, tal como as plantas correspondem, embora fracamente, à admiração e à afeição. Mas há evidente perigo no superdesenvolvimento da cultura das abelhas. Sua organização é maravilhosamente adaptável, mas se elas forem superexploradas e se tornarem suas colmeias demasiado complexas e artificiais, elas serão prejudicadas. O homem precisa reconhecer a vida evolucionante na abelha, e não encará-la como um mero produtor mecânico de mel para benefício exclusivo da raça humana.

Em outros setores, outras Ordens de anjos e espíritos da Natureza exercem funções análogas e usam a Terra como um campo de evolução e atividade. Algumas delas são referidas em partes subsequentes desta obra. Numerosas outras Ordens de anjos estão usando esta Terra como um campo de evolução e atividade. Nas Escrituras hindus e budistas, na literatura do Cabalismo, e na grande síntese da Ciência Oculta, *A Doutrina Secreta*, de H. P. Blavatsky, há referências sobre elas.

Capítulo III

A Linguagem Colorida dos Anjos[71]

As formas angélicas são construídas de luz, ou antes, de um tênue material autoluminoso: para cada átomo de seus corpos, como também dos mundos em que vivem, há uma partícula radiante de luz. A sua forma é muito semelhante à nossa e de fato é construída no mesmo modelo do corpo físico humano. Como se disse antes e se mostra nas ilustrações, assim as fadas e os anjos geralmente aparecem como lindos seres etéreos, de contornos semelhantes às formas humanas. Seus rostos, entretanto, apresentam uma expressão que é definidamente diferente da humana, porque estão marcados com uma impressão de energia dinâmica, de vivacidade de consciência e vida, com uma certa beleza celestial e uma expressão que raramente se encontra entre os humanos.

A aparência dos anjos é também notável à visão humana, devido à atuação da energia dentro e através de seus corpos e suas auras brilhantes. Eles podem ser considerados tanto agentes como artífices das forças fundamentais da Natureza. As forças que controlam e manipulam estão continuamente passando através deles e irradiando, produzindo, enquanto fluem, um efeito que se assemelha um tanto à aurora.

Distintos centros de força, vórtices e certas linhas de força claramente definidas são visíveis em seus corpos. Na descarga áurica são produzidas formas definidas, as quais, algumas vezes, dão a impressão de uma coroa sobre a cabeça e de asas estendidas, de cores brilhantes e cambiantes. Os remígios áuricos, entretanto, não são usados para o voo, porque os anjos se movem rapidamente através do ar, à vontade, com movimentos graciosos, flutuantes, e não necessitam apoios para voar. Os antigos pin-

---

[71] Parte do assunto sob esse título aparece em meu livro: *The Coming of Angels*, editado por Rider & Co., atualmente esgotado, por cuja delicada permissão incluída nesta obra, em forma revista.

tores e escritores, alguns dos quais parecem ter tido vislumbres dos seres angélicos, aparentemente tomaram essas forças fluentes como sendo seus vestuários e asas, e assim os pintaram como vestidos com roupas humanas e mesmo puseram penas em suas asas.

Como seus corpos são formados de luz, cada variação no fluxo da força produz uma mudança de cor. Uma mudança de consciência instantaneamente visível, como o é uma alteração na forma e cor de suas auras. Um transbordamento de amor, por exemplo, as cobre de um fulgor carmesim, enquanto que, como complemento, uma brilhante corrente de força amorosa, rosada, se projeta ao encontro do objeto de sua afeição. A atividade mental aparece como um jato de luz e força de cor amarela, saído da cabeça, de maneira que, frequentemente, eles aparentam como que coroados de um brilhante halo de luz – uma coroa de ouro que é o seu pensamento, engastada de muitas joias, cada joia uma ideia. Talvez seja esta a origem de um de seus títulos no Hinduísmo, *Chitra Shikhandina*, "a crista resplandecente".

Todos os fenômenos de emoção e pensamento, que denominamos subjetivos, são objetivos para os anjos, como também para os homens dotados de visão superfísica. Os anjos veem, pois, os processos do pensamento, das emoções e aspirações, como fenômenos externos e materiais; porque eles vivem nos mundos de sentimento, pensamento, intuição e vontade espirituais. Suas "conversas" produzem mais cores do que sons. Um sistema de simbologia é incluído em seu sistema de comunicação, símbolos e lampejos de cores sempre aparecem nos mundos superfísicos, como naturais expressões do pensamento, tanto humano como angélico. O senso de unidade da Vida dos anjos é tão intenso que cada pensamento seu expressa um aspecto da verdade fundamental da unidade. Isso dá às suas conversações coloridas uma profundidade e beleza que não se encontram na troca comum dos pensamentos humanos. Eles são incapazes de um conceito sem propósito ou inverídico, ou que falhe de algum modo em expressar aquela inerente divindade, de que nunca perdem a consciência, e que ilumina e inspira a todos os seus pensamentos e necessidades. A este respeito, sua linguagem colorida se assemelha um tanto ao antigo senzar, no qual cada letra e sílaba é a expressão de uma verdade básica. Todavia, ao contrário daquela antiga língua sacerdotal – produto de mentes profundamente inspiradas – a linguagem mental dos anjos é instintiva e natural, não necessitando esforço consciente de sua parte na escolha e manifestação da cor, forma ou símbolo.

Um anjo que na ocasião me instruiu mentalmente quanto ao seu[72] reino, também forneceu exemplos de comunicação angélica e da operação da lei, segundo a qual a matéria superfísica assume forma e cor apropriadas, em resposta ao impacto do pensamento. Duas dessas instruções são aqui transcritas, de notas então tomadas. Necessito, entretanto, primeiro explicar que os *arūpa-devas* são no mais alto grau impessoais, impassíveis, desprendidos. Sua consciência universal e exclusivamente devotada às suas tarefas. Não estão normalmente acostumados a sentir qualquer ligação pessoal. Os *rūpa-devas* associados com a evolucionante vida da Natureza, tanto quanto sei, usualmente não experimentam nem expressam a emoção do amor pessoal. Suas mentes são universais e seus "corações" pertencem à Vida Una, da qual são corporificações impessoais. Alguns *rūpa-devas*, entretanto, podem ser encarados como encarnações das qualidades de amor, compaixão e ternura divinos por todas essas vidas, e estes sentem, de uma maneira sublimada e impessoal, um senso de unidade entre si e com o ser humano. Como indicam as descrições seguintes, sua força de amor pode temporariamente ser dirigida a pessoas, mas sem o mais leve traço de personalismo e posse.

Certos espíritos da Natureza no limiar de sua individualização no reino angélico, principalmente os associados com os elementos do ar – fadas e silfos – podem sentir-se atraídos pelo ser humano que possui o poder de entrar conscientemente no seu reino e de comunicar-se com eles. Sua submissão a esta atração raramente é completa, e mesmo procurando atrair

---

[72] Como foi dito antes, usa-se o pronome masculino apenas por conveniência, os anjos são assexuais.

o objeto de suas afeições, usualmente não concebem relações permanentes. Tais associações estreitas, mentais e emocionais com seres humanos, podem-lhes ser úteis, mesmo que sejam muito prejudiciais ao seu parceiro humano. Para eles a consecução da individualização pode ser acelerada pela fusão de sua natureza mental e emocional com a de um ser humano individualizado, mas para o ser humano, tal aventura poderia conduzi-lo à insanidade.

As lendas medievais, em que silfos e outros espíritos da Natureza, em seu proveito próprio procuram, e mesmo alcançam, uniões com seres humanos, são provavelmente mais alegóricas que históricas. A união física demandaria materialização da parte do silfo, o que é muitíssimo improvável, e se conseguida, muito rara. Parece ser mais provável tratar-se de uma referência velada feita ao valor evolucionário para tais espíritos da Natureza de estreita associação física e colaboração com membros da família humana.

Existe uma tradição oculta de que, como uma exceção a essa impessoalidade, que é característica dos *devas* altamente evoluídos, íntimas ligações egoicas foram formadas com seres humanos, as quais se tornaram mesmo tão fortes que fizeram o *deva* procurar e obter admissão ao reino humano, a fim de ficar perto do amado ser humano. Segue-se então o nascimento em corpo humano, e quando ocorre o encontro físico com o amado, em ambos se desperta um amor muito profundo. Tão forte é esta emoção, que, no caso de existirem barreiras convencionais, elas são ignoradas. Frequentemente, o resultado é a tragédia.

Uma Conversação Colorida

Enquanto descansava no jardim de meu chalé, em Gloucestershire, observei o instrutor angélico que passava a uma grande altura no espaço, e lancei-lhe uma saudação e um apelo mental por mais conhecimentos relativos às Hostes Angélicas. Prontamente ele interrompeu o seu "voo" e desceu a pique no jardim. Enquanto descia, enviava uma corrente de amor, como resposta, irradiada da região de seu coração, em forma de raios de cintilante rosa e luz carmesim. Este fluxo de amor assemelhava-se a uma flor, pois os lados da forma funicular que ele produzia eram divididas em pétalas, e no centro havia uma brilhante "rosa" dourada' que se ia abrindo toda, gradualmente, à medida que o anjo se aproximava. Esta "flor" pulsava ritmicamente, e as linhas de forças, que a compunham, tremulavam como se ele vertesse sua afeição e força-vida. Assemelha-se a um glorioso Deus grego, em cujo peito havia uma rosa desabrochada. As radiações, semelhantes a pétalas, estendiam-se até mim, sendo o diâmetro máximo da "flor" cerca de oito pés. Um contínuo jogo de forças, brilhantemente coloridas em faixas de tamanhos e graus de luminosidade variados, também brilhava acima da cabeça do anjo.

Um outro anjo, de cor principalmente azul, logo apareceu, e os dois entraram na "conversa". Enquanto "falavam", suas auras se dilatavam reciprocamente, tocavam-se e afastavam-se, como asas de borboletas celestiais. Estavam distantes cerca de vinte e dois metros um do outro, e pouco acima das árvores frutíferas do pomar. A natureza fluídica de suas auras se demonstrava na facilidade com que eles as expandiam para cobrir o espaço intermediário. "Falavam" com seus corações e suas mentes, pois na matéria emocional e mental apareciam cores e símbolos, a maioria das vezes acima de suas cabeças, mas também reluzindo entre si com brilho e rapidez muito além de minha capacidade de observar plenamente e anotar com exatidão. O principal tema do primeiro anjo encontrava sua natural expressão através do verde suave e pálido, às vezes observado no pôr do sol de verão, aparecendo continuamente este matiz nas faixas de cor acima de suas cabeças, e no símbolo formado. Também tingia a maior parte de sua aura, sugerindo as qualidades de simpatia e compreensão.

Três lindas formas, semelhantes a mariscos em conchas verticais e alongadas, apareciam em seguida e pairavam no ar, acima de sua cabeça, tremulando de vida e luz. Suas cores eram rosa, amarelo e azul escuro, tendendo para o púrpura. No momento se expandiam sob a forma e aparência de grandes leques, encontrando-se e se entrelaçando em uma grande radiação.

Figura Concha

Alternadamente, ampliando e estreitando, o único fluxo de força fluindo estendeu-se alto no ar e desapareceu. De seu irmão anjo isto provocava em resposta uma perfeita labareda, semelhante a uma exibição pirotécnica. Sua primeira resposta transformou a parte superior de sua aura em três faixas coloridas, dos mesmos matizes das conchas; em seguida alongou-se e envolveu o primeiro anjo, mantendo-o assim por dois ou três segundos e depois retraindo-se. Três símbolos grandemente ampliados sob a forma de leques apareceram em seguida, sucessivamente acima dele, desaparecendo cada símbolo no ar acima, num relâmpago colorido. Um sorriso radiante iluminou a sua face, e era evidente que a observação do primeiro anjo tinha tocado alguma corda sensível de sua natureza.

O primeiro anjo me explicou então o sentido desta comunicação. O Anjo azul que fora o segundo a aparecer, possuía em si algo das forças e qualidades fundamentais do caráter inerente ao segundo, quinto e sétimo Raios[73]. Sua vida era a expressão do mais profundo amor e do mais alto intelecto, ao passo que em sua obra revelava perfeita precisão na ação. Estas qualidades representavam o seu ideal de perfeição, e ele estava conscientemente ligado a um Arcanjo Superior no qual elas estavam plenamente desenvolvidas. Em toda a Natureza ele percebia predominantemente estes três poderes, seguia os efeitos da operação desses poderes nos membros da raça humana e as expressava em todas as suas atividades.

---

[73] Vide *Os Sete Temperamentos Humanos*, Geoffrey Hodson, Ed. Teosófica, Brasília, 2012. (N.E.)

A fim de auxiliar os seres humanos, por exemplo, ele se unificaria com a natureza amorosa deles, aumentando o poder humano de amar adicionando-lhe sua própria afeição impessoal e universal. Ele auxiliaria os cientistas estimulando-lhes os poderes mentais pelo aumento de sua capacidade de abstração profunda, e se esforçaria por iluminar suas mentes com a solução de quaisquer problemas que estivessem procurando resolver. Ajudaria artistas, atores, dançarinos e cerimonialistas a atingirem maior perfeição, graça e beleza de execução e de mais acurada expressão da ideia inspiradora de sua arte. Da mesma maneira auxiliaria seus irmãos anjos e a vida evolucionante nos reinos subumanos da Natureza. Em todas as suas atividades estas três características predominariam, constituindo o fundamento de sua vida e a fonte de sua inspiração.

O primeiro anjo, com profunda e intuitiva empatia, discerniu este fato e mentalmente expressou os ideais de seu irmão anjo com toda a perfeição e plenitude de que foi capaz, e por esse meio produziu as três formas semelhantes a conchas nas cores típicas dos três Raios. O segundo anjo respondeu fazendo brilhar sucessivamente em forma de leque, muito ampliadas, as três qualidades altamente evoluídas de sua natureza.

Ainda que extenso, este relato é uma descrição muito incompleta do intercâmbio de pensamentos e sentimentos entre os anjos, o qual, provavelmente, não durou mais que um minuto. O uso da palavra "Raio" não exprime devidamente o conceito na mente do anjo; ele provavelmente o denominaria um aspecto da Vida e Consciência Divinas, que é projetado como uma língua de fogo do ígneo coração central de todas as coisas, ou uma corrente de energia vital especialmente sintonizada e que interpenetra o Universo. Estas concepções estavam incluídas em cada um dos símbolos em forma de concha, que – é preciso notar – são representações adequadas da ideia fundamental. A ponta da concha estaria na fonte principal da força, que à medida que fluía, se ampliava na forma de leque.

Cada um destes símbolos era formado de linhas radiantes de força, cujo número eu não pude contar, embora, sem dúvida, isto também tivesse a sua significação. À medida que todo o símbolo tomava formato, as linhas de força se cruzavam e entrelaçavam até formar uma ampla e espraiante corrente dos três tipos de energia. Cada corrente, entretanto, podia ainda ser notada, porque mantinha sua própria forma e cor, a despeito do entrelaçamento. O efeito combinado destes três aspectos da Vida, operando em e através do segundo anjo e da Natureza, era, com muito maior propriedade, retratada por esta forma semelhante a uma concha.

A seguir explicou o anjo que, além desta linguagem colorida, há um intercâmbio direto de ideias nos níveis mentais. As cores e os símbolos são largamente produzidos por este intercâmbio, embora possam ser usadas como ilustrações e elucidações da ideia central.

A Dança dos Silfos

As alturas aéreas no distrito de Gloucestershire, onde estes ensinamentos foram recebidos, estão povoadas de várias ordens de espíritos da Natureza, e principalmente silfos em diferentes graus de desenvolvimento. O instrutor angélico referido na descrição precedente, permanecendo ainda perto do solo, volveu sua atenção para o alto, abriu seus braços para o céu, emitiu um chamado, que teve o efeito de trazer numerosos silfos até o jardim onde eu me encontrava sentado. À medida que desciam, agrupavam-se, e suas auras fundidas produziam o efeito de viventes e nevoentas formas sílficas, na maioria cor-de-rosa e brilhantemente autoiluminosas. Trouxeram consigo uma atmosfera de superabundante alegria, como um grupo de crianças mais velhas subitamente libertas da escola, embora no seu caso tivesse ocorrido o oposto, pois o anjo os chamara da liberdade das alturas para servir de temas para a educação humana.

A convocação consistia de uma forte e altamente concentrada corrente de força-vontade revestida de matéria mental, um pensamento-vontade, um "grito" mental, por assim dizer. Na parte superior da aura do anjo, algumas pequenas formas cônicas brilhavam no ar, com a ponta para cima; a coloração principal era rósea, se bem que as pontas fossem azul metálico. Cada uma "golpeava" um silfo, chamando sua atenção e transmitindo uma ordem, em resposta à qual ele descia. O anjo era tão superior a eles em evolução que uma expressão de seu pensamento e vontade equivalia a uma ordem.

O anjo sorriu para eles e raios róseos de amor brilharam dos silfos para o anjo, cada um obtendo imediata resposta dele e sua aura tomando um colorido rosa luminoso. Ele estendeu sua aura lateralmente em duas radiações semelhantes a asas, e depois estas até envolverem e ultrapassarem o grupo de silfos, que eram assim acionados pelas energias áuricas vividas e luminosas do anjo. Com estas "asas" áuricas ele manteve um movimento contínuo, gracioso, amplo e oscilante para frente e para trás, entre ele e os silfos, cada batida das "asas" vertendo-lhes mais vida e amor e enchendo-os de intensa alegria, até que seu estado se tornou de enlevo.

Eles manifestavam, um ao outro, imensa afeição recíproca, estando muitos deles "eretos", com os braços abertos para se apoiarem uns sobre os outros. Terminadas estas felicitações, iniciou-se um movimento coordenado em que todos estavam ligados dessa maneira, dispondo-se todo o grupo em fileiras circulares, na forma de uma flor convolvulácea. Um silfo formava o centro; três formavam um círculo em volta dele, todos voltados para o centro; os restantes formaram círculos sobre círculos, cada um mais amplo que o precedente, o conjunto brilhando, luzindo com luz rósea, dentro da qual as cores naturais de suas auras se assemelhavam às mutáveis nuances de uma opala. Então toda a "flor" começou a girar, os silfos movendo-se todos juntos e mantendo com perfeição a forma convolvulácea da flor. Em suas faces estampava-se uma expressão de alegria, com seus longos "cabelos" flutuando atrás deles e suas brilhantes vestimentas áuricas misturando-se numa expressão de sua perfeita unidade de sentimento e pensamento.

Eles giravam com crescente rapidez, até que o anjo deu o sinal levantando a mão direita acima de sua cabeça. Então todo o grupo, ainda girando e mantendo a formação em flor, elevou-se para os céus, depois do que cada círculo foi-se abrindo numa fileira e se fragmentou em grupos de dois e três silfos. Ainda rodando e subindo, a forma da flor criada na matéria superfísica por esta dança aérea permaneceu brilhando nos céus. Pouco após, como que percebendo isso, e animados por uma nova ideia, os silfos reorganizaram-se em um grande círculo em volta da "flor" e por pensamento unido construíram uma esfera translúcida, da cor verde suave da aura do anjo instrutor. Esta não "cresceu" até chegar a ficar uma esfera fechada, mas permaneceu aberta no topo, com correntes de energia fluindo pelo interior da forma para diluir-se no ar em cima.

Uma certa despreocupação tornou-se agora manifesta no movimento dos silfos, que continuaram a girar com extrema rapidez ao redor da forma da flor. Suas cabeças estavam inclinadas para trás e seus corpos curvados para fora do círculo. Finalmente se dispersaram, emitindo ao anjo, de relance, pensamentos de amor que caíram sobre ele como uma chama de cones carmesins. Estes penetraram em sua aura, dentro da qual fluíram por algum tempo com brilho róseo.

A forma da flor foi evidentemente criada como uma oferenda, e a dança como uma expressão de amor, unidade e alegria, realizada em honra do anjo que os convocara, a quem retribuíram a cortesia construindo a forma circundante na cor predominante em sua aura. Um sorriso iluminava sua face, quando se volveu para mim em um gesto de adeus, e depois desapareceu.

Capítulo IV

Os Deuses Menores

As Formas Astrais e Etéricas

Nos degraus inferiores da escada da Hierárquia Angélica se encontram os espíritos da Natureza dos quatro elementos sutis de terra, água, ar e fogo. O distrito inglês, onde se fizeram estes estudos, é bastante povoado por uma variedade quase infinita destes quatro reinos da Natureza.

Minhas observações autorizam-me a supor que os espíritos da Natureza usam duas formas distintas. Uma destas é o corpo astral permanente e a outra um veículo etérico temporariamente materializado. A forma astral consiste de uma aura esférica multicolorida, circundando a delicada forma da fada, construída de força. Usam o veículo etérico por duas razões, pelo menos. Uma delas é que, quando se emprega um corpo etérico, a mente embrionária, normalmente inconsciente e difundida por todo o grupo, experimenta um senso adicional de individualidade ou entidade. A outra é que uma vitalidade e atividade crescentes são atingidas pelo contato mais direto com o mundo físico, tanto durante as épocas de germinação, crescimento e completo desenvolvimento das plantas, como à luz solar. Estas experiências causam prazer. Sob estas condições, os espíritos da Natureza emergem dos níveis astrais para os etéricos onde se tornam mais facilmente visíveis e mais amiúde são vistos em primeiro lugar. Lá eles dançam, brincam, veem-se uns aos outros, e em alguma medida imitam os seres humanos, e se ligam aos suficientemente sensitivos para perceberem sua presença e mesmo se comunicarem com eles.

Quando assumem a forma etérica, esta parece ser governada pelo menos por três influências. A primeira é a do Arquétipo, que é o mesmo para o reino angélico e o humano. A segunda é a modificação das características do Arquétipo dos espíritos da Natureza de cada um dos quatro elementos de terra, água, ar e fogo. Variações de cada um destes observa-se também em níveis diferentes, tanto acima como abaixo da superfície da terra, em diversas condições naturais e diferentes distritos.

A terceira influência é exercida pelos hábitos humanos, o vestuário e o pensamento popular concernente à aparência dos duendes de determinados tempos e lugares. Certos períodos da história deixaram assim sua marca no reino dos espíritos da Natureza. A forma do gnomo parece datar dos primeiros habitantes físicos do planeta, nos antigos tempos lemurianos[74].

O Gnomo

A marca do pensamento atlanteano pode ainda ser encontrada nos Deuses Maiores e Menores dos países da América Central e do Sul, e Ilhas e Arquipélagos do Pacífico, que durante longos períodos foram habitados pelos atlantes. A aparência de outros espíritos da Natureza da terra é evidentemente modelada de acordo com os rústicos europeus medievais, de

---

[74] Lemúria e Atlântida são nomes dados a continentes agora submersos sob os oceanos Pacífico e Atlântico, respectivamente. Foram o *habitat* das terceira e quarta raças, das sete Raças raízes humanas a ocupar este planeta. A presente Raça Ariana e seu grupo linguístico constituem a quinta delas. As duas primeiras Raças, pertencendo ao arco descendente, tinham somente corpos superfísicos e etéricos. Vide *O Sistema Solar*, A. E. Powell.

quem os duendes são de certo modo uma reprodução em miniatura. Tribos inteiras de espíritos da Natureza da terra são encontradas na Inglaterra, ataviadas ao estilo de trajes masculinos[75] elizabetanos. As fadas assumem uma aparência relativamente moderna, em especial no estilo do "cabelo", como também o foi demonstrado pelas fadas fotografadas por duas crianças, em Yorkshire[76]. Alguns espíritos da Natureza apresentam o vestuário de ferreiro e mesmo carregam ferramentas, feitas de pensamentos; outros o de pescadores, enquanto que há os que, consciente ou inconscientemente, apresentam formas caricatas de atividades, hábitos e vestuários humanos.

Os pensamentos das fadas atuam poderosamente na matéria astral e etérica. Tanto quanto seus limitados poderes de observação o permitem, comprazem-se em copiar a aparência dos seres humanos, tal como os podem ver, uma arte na qual são realmente exímias. Na América do Norte, os espíritos naturais da terra têm muitas vezes o dorso nu e vestem o que aparenta ser calças de couro ou de pele de gamo, sendo estas às vezes com franja, segundo o hábito dos índios americanos. Suas auras também muitas vezes se apresentam em forma de concêntricas faixas de cor, dando a impressão de algo com a aparência do acangatara de guerra do índio, penas de águias pintadas. Gnomos pretos, despidos, parecendo aborígenes, são vistos na África do Sul e na Austrália, enquanto que certos espíritos da Natureza, da Nova Zelândia, parecem antes miniaturas dos semivestidos homens dos Maoris.

Todas as descrições de cabelo, asas e adornos dos espíritos da Natureza, especialmente incluindo a aparência do vestuário translúcido, semelhante a uma teia de aranha, são devidos às densificações de certas partes internas de suas auras astroetéricas, até o nível do quarto subplano acima do éter. De outro lado, bastões aparecem como símbolos de autoridade, formas naturalmente assumidas pelo atributo de governo por instintiva vontade pelo qual os condutores de combinados movimentos de espíritos da

---

[75] Vide *Fairies*, E. L. Gardner, e especialmente a fotografia de um chamado gnomo, cujo o esboço aparece na página anterior.
[76] *Ibid.*

Natureza controlam e dirigem aqueles que estão a seu cargo. A consciência destas criaturas funciona normalmente no Plano Astral, que é um Plano de vida. Quando entra numa autoexpressão mais objetiva, então se realiza de uma maneira mais ou menos instintiva, um processo de revestimento na matéria do éter, que é um plano de forma. Isto culmina na criação temporária de um corpo etérico animado, interpenetrado e circundado pelo criador astral. A reprodução como formas relativamente fixas de correntes, na aura astral, e a formação de grinaldas, cinturões e bastões, como expressões de atributos, são processos naturais. São, creio, manifestações no pequeno mundo das fadas, das leis e dos processos cósmicos criadores, mediante os quais a Natureza externa vêm à existência como uma expressão DAQUELE de quem ela emanou. Admissivelmente, as formas dos espíritos da Natureza são ilusórias e evanescentes, mas assim é todo o Universo objetivo, do ponto de vista da realidade última.

Esta expressão microcósmica dos poderes e das leis Macrocósmicas dá, até mesmo às menores formas e seres da Natureza, o seu profundo interesse e sua significação. Supõe-se que átomo químico reproduz, em proporções ultramicroscópicas, a forma e os movimentos internos de um Sistema Solar, ambos manifestações de unidades ainda maiores e expressões objetivas de princípios universais numéricos e geométricos. De maneira semelhante, minhas observações levam-me a crer que as formas de anões, fadas e ninfas são o resultado da operação das leis segundo as quais o Cosmo é construído. Um estudo destes seres pode, entretanto, conduzir o observador, do efeito mínimo à Causa máxima, da existência particular ao princípio geral.

Pode-se admitir que as anotações e descrições que seguem sejam limitadas, tanto em alcance quanto em compreensão, uma vez que foram tomadas dos rascunhos das minhas primeiras e incipientes tentativas para investigar o Reino das Fadas. Por amor à exatidão, entretanto, elas são apresentadas quase como foram então escritas, ao invés de desenvolvidas à luz de conhecimentos posteriores. Se ulterior explanação e mesmo justificativa forem necessárias pela inclusão nesta obra de muitas aparentes trivialidades da tradição das fadas, eu responderia que, à luz do mais completo conhecimento, esse minúsculo povo pode encontrar-se, embora inconscientemente, ocupando posição de importância na realização dos misteriosos planos e processos da Natureza. O poder da simples célula de mover-se, respirar, reproduzir-se e alimentar-se, e o grupo de células para comunicar, cooperar e coordenar suas atividades no desenvolvimento de corpos orgânicos podem ser explicados pela presença e instintivamente diretora influência dos espíritos da Natureza. Sabe-se que a ameba se move em direção a uma existência associativa e comunal, estimulada e guiada fisicamente por determinadas substâncias químicas. A origem e a ação de tais substâncias e o aparente mecanismo na evolução dos mixomicetos e seus sucessores na escala talvez possa ser atribuída à atividade de organismos invisíveis, astroetéricos, da ordem dos espíritos da Natureza dos quatro elementos.

Na Natureza nada é insignificante. O extremamente diminuto é tão importante quanto o inconcebivelmente vasto. À luz dos atuais conhecimentos humanos, a dimensão e o significado aparente humano não podem ser tomados como padrões de importância. Além disso, desde que o menor átomo e o maior Arcanjo são produzidos, modelados e evolucionados de acordo com as mesmas leis, um estudo do mínimo e aparentemente sem importância pode conduzir à compreensão de tudo o que existe. Deste ponto de vista, um espírito da Natureza é de tanta consequência quanto um Deus criador, e aqueles que tomam toda a Natureza como seu campo de estudo, dificilmente podem desprezar estas corporificações da vida interna da Natureza. Os espíritos da Natureza podem um dia ser descobertos como elos na cadeia de causação pela qual o Universo é concebido, mentalmente "nomeado" e seu "nome" ou "verbo" pronunciado de maneira que seu som faça que o simples conceito primordial se torne manifesto como Natureza física em toda a sua infinita complexidade e variedade de seres, espécies e formas em evolução.

Admito também que fui movido pelo pensamento de que os leitores jovens – e aqueles que estão em vias de o ser – possam encontrar nestas descrições muito que os entretenha e talvez, mais tarde, lhes facilite o caminho para um estudo mais aprofundado do Reino dos Deuses. Há, além disso, uma razão a mais para o interesse pelos elementais da terra, água, do ar e fogo, o que será evidente àqueles de meus leitores interessados em alquimia.

Duendes[77]

Os duendes europeus que estudei, embora diferindo consideravelmente em detalhe, apresentaram sempre determinadas características comuns, que os colocam indiscutivelmente em sua própria família.

Geralmente eles se ataviam em estilo medieval. Vestem casaco marrom curto, algumas vezes com uma grande gola ornamental, com botões luzentes guarnecidos de verde, e usam joelheiras marrons, meias grosseiras e duas espécies de botas. Às vezes se vê uma enorme e pesada bota "agrícola", e outras, um sapato longo, pontudo e mais leve. Uma das maneiras como ocorrem as variações é sugerida na descrição dada mais adiante sobre a manufatura de um par de sapatos para duendes.

Eles têm por capuz habitual um barrete pontudo, embora ocasionalmente um chapéu de abas batidas substitua a boina de dormir, geralmente mais usada. Grupos de duendes, aparentemente convencidos de estarem trabalhando arduamente, são vistos com aventais que muito se assemelham aos usados pelos ferreiros; fivelas e fechos brilhantes, em geral, fazem parte de sua indumentária. No trabalho, os duendes carregam e aparentam usar ferramentas, sobretudo pás e picaretas com as quais cavam a terra com grande ardor. Em algumas tribos os duendes são pequenos, encolhidos, de corpos cheios e redondos e de pernas curtas, sendo em outras, esguios, e de aparência jovem. Sua altura varia de quatro a doze polegadas. Normalmente apresentam o rosto de homem idoso, com sobrancelhas encanecidas, barba e bigodes, compleição sanguínea e aspecto de castigados

---

[77] Parte deste assunto, sobre este e os seguintes títulos deste capítulo, apareceu em meu livro *Fairies at Work and Play,* publicado pela Theosophical Publishing House, Londres, a cuja gentil permissão devo a sua inclusão em forma revista nesta obra.

pelo tempo. Os olhos são pequenos e redondos, de expressão simples e bondosa.

Por natureza são criaturas comunicativas, amistosas, vivendo em tribos e, como a maior parte dos povos duendes, grandes imitadores do homem em seus hábitos, trajes e métodos de trabalho e recreio. Pertencem ao solo e possuem muito da simplicidade rústica do lavrador. Que função exercem no processo da Natureza, não está claro[78]; geralmente se encontram na superfície da terra ou no subsolo. Tenho-os visto, mui solenemente, cavando entre as raízes de plantas em crescimento, ainda que uma expressão de seriedade zombeteira e simulação transpareçam em todas as suas atividades, e nunca é bem claro se encaram suas obrigações como um trabalho ou um brinquedo. Os seguintes relatos acerca dos espíritos da Natureza da terra, água, do ar e fogo foram tomados de descrições de cenas observadas em diferentes ocasiões, e podem auxiliar na compreensão deste minúsculo povo.

Uma Aldeia de Duendes

No lado escarpado dos penhascos das costas ocidentais de Thirlmere há uma grande colônia de duendes; vivem a poucos pés abaixo do nível do solo e passam seu tempo tanto na superfície da terra como no subsolo. Vi algumas casinhas justamente sob a superfície do outeiro. Perfeitamente modeladas, com janelas e portas, elas estão espalhadas irregularmente no outeiro e vê-se grande número de duendes entre as folhas, raízes e rochas que os rodeiam. O que segue é uma tentativa de descrição de alguns deles, selecionados ao acaso.

De altura não superior a seis polegadas, parecem pequenos velhinhos, usando um chapéu marrom semelhante a uma boina de dormir, e um costume marrom composto do que parece ser o usual calção dos duendes, preso à altura dos joelhos, meias e botas. O rosto, com barba grisalha,

---

[78] Investigações posteriores trouxeram algum conhecimento acidental relativo às funções dos espíritos da Natureza. Estão incluídas na Parte III, Capítulo III.

dá a impressão da rusticidade antiga. Indubitavelmente há a ilusão de vida doméstica, ainda que não tenha visto nenhuma figura feminina nessa aldeia de duendes. Estes enchem literalmente o outeiro, e pouco variam em aparência, expressão ou inteligência. Aqui parecem estar apenas "evoluindo". Diferem de qualquer um dos duendes que eu vira antes, pois não parecem "trabalhar" em conexão com qualquer processo da Natureza; embora venerem as árvores, não as servem em nada.

Um dos mais jovens tipos de espírito da Natureza observados, que também vive aqui, aproximou-se neste momento de mim, e parando a uns dois ou três metros à minha direita, fez-se notar por gestos extravagantes e por um inocente bom humor. Muito mais delgado que os duendes semelhantes a velhinhos, tem um halo de cor à sua volta – um pouco de vermelho no chapéu (em forma cônica com a ponta dependurada) e um pouco de verde em seu vestuário. Foi difícil de acreditar que era um duende; seus pés eram inclinados e embicados, suas pernas eram finas e compridas, e suas mãos demasiado grandes para o resto do corpo. Descansava a mão esquerda no quadril e com a mão direita apontava para a floresta, como se orgulhosamente mostrasse as belezas do lugar. Misturado com o seu orgulho há muito de vanglória e infantil autossatisfação. Seu rosto era imberbe e vermelho, seus olhos pequenos, nariz e queixos proeminentes, boca muito larga e ainda mais escancarada num arreganho. Seus gestos e posturas eram extravagantes e divertidos. Seu corpo era tão flexível que ele podia dobrar-se quase que em qualquer posição.

Não pude persuadi-lo a aproximar-se mais, porque quando tentei fazer isso, ele imediatamente demonstrou apreensão. Parecia sentir-se inquieto, embora em realidade, penso eu, não amedrontado. A aura humana é desarmoniosa para ele, e provavelmente teria perdido seu equilíbrio dentro dela. Por contraste, compreendo quão etérea e frágil é sua constituição, possuindo menos consistência que um sopro de vento; não obstante, a forma está claramente delineada e os detalhes acentuadamente definidos.[79]

---

[79] Experiências posteriores sugeriram ser mais um elfo da floresta do que um duende.

Observando novamente a comunidade de duendes e tentando aprender alguns dos detalhes de sua vida, apresentaram-se certos fatos peculiares. Por exemplo, um esforço para ver o interior de suas casas mostrou, para minha surpresa, que quando "alguém" entrava pela "porta", não havia nada ali! A fachada é absolutamente perfeita e bem pitoresca, mas o interior, apenas escuridão. De fato, a ilusão de uma casa desaparece inteiramente quando a consciência é dirigida para o interior. Certas linhas tênues de magnetismo fluindo é tudo o que se vê. Os duendes entram pela porta e depois abandonam a forma de duende, descendo profundamente terra a dentro, em um estado relativamente sem forma. Todos eles parecem ter a concepção de estarem ocupados, precipitando-se no local de uma maneira pseudoséria; mas para mim tudo isso era fingimento.

As casas não pertencem a nenhum indivíduo ou grupo. Qualquer membro da colônia as usa, sendo este "uso" meramente limitado a entrar e sair pela porta. Certamente gozam de alguma satisfação ao contemplar o exterior destas estruturas mentalmente construídas. Não vi, pertencente a estes duendes da floresta, nenhuma das ferramentas de trabalho, sacolas ou aventais que notara em outras ocasiões.

Pareciam ser menos inteligentes e menos evoluídos e muito mais sem finalidade em suas existências do que quaisquer outros que encontrei.

Manufatura de Um Par de Botas de Duendes

Entre a pequena tribo do lado do outeiro de frente para Helvellyn, o primeiro a ser observado foi um duende de meia-idade, que, quando nos havíamos sentado, caminhou para a extremidade da mata de pinheiros atrás de nós. Tinha de seis a oito polegadas de altura e usava uma longa capa pontuda, em forma de cone ligeiramente imperfeito, e uma jaquetinha verde recortada na extremidade inferior e cobrindo seus quadris. Era debruada de marrom, abotoada, e tinha uma grande gola semelhante a uma pelerine, também recortada e debruada. Calças curtas completavam seu vestuário. Primeiro ele pôs à mostra os separados e pontudos membros inferiores de um elfo. Tinha uma barba comprida, cinzenta e rala, e tanto o rosto como o corpo eram delgados e mais austeros que os dos duendes, usualmente. Lembrava-me um pouquinho de uma caricatura de Tio Sam, vestido como Falstaff.

Mostrou-se muito interessado pelo nosso cão e sem medo algum aproximou-se rente ao seu nariz. Parecia não ter capacidade para abarcar o grupo como um todo. Teve a consciência da presença de seres humanos, mas o primeiro detalhe que o impressionou foi o modelo de botas que eu calçava – botas tipo do exército, com cano de lona. Depois de observar intensamente as minhas botas, começou a elaborar para si próprio uma respeitável imitação das mesmas, do que demonstrou um orgulho fora do comum. Sua simples imagem mental é perfeitamente suficiente para cobrir seus pés com uma cópia do par de botas que tanto admirara. Depois se empavonou durante algum tempo, como se aquilo se tivesse tornado normal para ele; finalmente, embrenhou-se empertigado na floresta.

Os Elfos

Os elfos diferem dos outros espíritos da Natureza porque usualmente não estão ataviados com qualquer imitação de vestuários humanos, e sua constituição corpórea consiste de uma massa sólida de substância etérica, sem nenhuma organização interior.

Elfos da Floresta

Dois delgados espíritos da floresta vieram correndo pelo terreno atrás de nós, quando estávamos sentados em um tronco de árvore caído. Vendo-nos, pularam cerca de cinco pés para trás e pararam, olhando-nos com grande interesse e sem temor algum. Pareciam como que inteiramente cobertos por uma pele justa e inteiriça, como que brilhando de umidade, e com um colorido semelhante ao da casca de uma faia. Havia grande quantidade destas figuras correndo pelo terreno. Suas mãos e pés eram grandes, bem desproporcionados em relação ao resto do corpo. Suas pernas eram finas, suas orelhas levantadas e embicadas, quase em forma de pera. O nariz era embicado, também, e a boca larga. Não tinham dentes nem as estruturas internas da boca – inclusive língua, pelo que pude ver – exatamente como se o conjunto fosse constituído de uma peça de geleia etérica. Uma pequena aura verde os rodeava. Os dois por mim observados viviam nas raízes de uma enorme faia. Desapareceram, por fim, através de uma fenda na qual penetraram tal qual a gente entraria em uma caverna, e mergulharam no subsolo, para emergir no duplo etérico da árvore.

Elfos à Beira-Mar

Brincando na costa, entre as algas e as pedras, existem pequenas e esdrúxulas formas parecidas com a do elfo. Têm cabeças desproporcionais, faces de elfos, orelhas grandes, corpos redondos e pequenos, pernas finas terminando em pés que quase parecem palmados. São de três a seis polegadas de altura, estão familiarizados com os seres humanos, e de maneira alguma se perturbam com a presença destes. Aparentemente estão relacionados com a vida e os processos celulares das algas.

Gnomos

"Gnomo" é um título genérico aplicado aos espíritos da Natureza do elemento terra. A investigação demonstrou que conquanto existam na Natureza todos as fadas tradicionais, há grandes divergências dentro de cada tipo. Algumas das diferenciações são tão grandes que requerem novos nomes e novas classificações. No futuro, quando, sem dúvida, os naturalistas, etnologistas e pesquisadores penetrarem no país das fadas e o manual do Reino das Fadas for estudado em todas as escolas, será necessário dar nomes peculiares às inúmeras e variadas espécies de fadas. Como achei que os nomes tradicionais são bastante satisfatórios, sob muitos pontos de vista, classifiquei cada habitante do país das fadas, que estudei, sob a denominação da raça à qual mais se assemelhava.

Criaturas de árvores e anões alados são descritos sob este título, embora difiram do verdadeiro gnomo em particularidades muito importantes. O estudante pode hesitar em aceitar a existência de um gnomo alado, vivendo em uma árvore; não obstante, tanto quanto pude observar, os que classifiquei sob este título assemelham-se ao gnomo, mais do que a qualquer outro tipo. Classificarei, portanto, como "gnomos" muitos entes que a vários respeitos diferem do gnomo tradicional.

O verdadeiro gnomo vive normalmente dentro do duplo etérico da terra, e é geralmente esguio e delgado, de aparência grotesca, cadavérica e de faces muito magras, sendo, muitas vezes, um solitário. Dá a impressão de extrema velhice; toda a sua aparência e comportamento são totalmente diferentes dos homens da atualidade. Seus braços são demasiadamente compridos para o nosso senso de proporção, como suas pernas, dobradas nas juntas como se tivessem enrijecido com a idade. A compleição muito desalinhada e grosseira, olhos pequenos e pretos, ligeiramente oblíquos para cima, em cada lado. Como foi dito, os gnomos parecem uma relíquia dos tempos da antiga Lemúria, e se isso for verdade, pode-se supor ser este o tipo representativo dos povos daquela remota época. O gnomo da terra não é um tipo de elemental agradável; os encontrados na Inglaterra eram de cor bem negra ou marrom-turfa, e ainda que eu haja raramente incorrido em sua ativa hostilidade, a sua atmosfera era decididamente desagradável.

Gnomo da Terra

Um Embrionário Gnomo da Rocha

Bem dentro da sólida rocha à nossa retaguarda há uma consciência em evolução, que se manifesta principalmente como informes manchas coloridas, dentro, aliás, da essência elemental quase incolor da rocha – uma espécie de gnomo embrionário. É visível o esboço em borrão de uma cabeça com olhos e boca, em contornos imprecisos, sendo o resto do corpo apenas levemente sugerido, análogo ao trabalho preliminar de um artista que pintasse borrões coloridos em suas partes principais, deixando para fase ulterior a nitidez de contornos. Mas, por esta impressão, o ente seria excessivamente feio, para não dizer de aparência monstruosa. À visão etérica, toda a rocha é transparente e seu habitante aparece como que dentro de um vasto receptáculo de celuloide, através do qual o gnomo percebe vagamente o que o rodeia. A única força de volição que ele aparenta possuir é o da lenta mudança do foco e da direção de sua débil e limitada consciência, o que é feito muito vaga e sonolentamente. A presença deste ente dá à rocha certa individualidade, notada no Plano Físico como uma vibração magnética especializada. É difícil avaliar o tamanho do gnomo, mas provavelmente é de dez a quinze pés de altura. Os pés embrionários estão muito abaixo da superfície da terra em que a rocha está enterrada, e a cabeça está a uns três pés do topo da rocha.

Um País de Fadas Inglês

Bem no coração de Cotswold, distrito da Inglaterra, há um verde e atraente vale, pelo qual não passa nenhuma estrada importante. Dizem que seu nome significa "Vale da Paz", e realmente indica um de seus maiores encantos. O ubíquo ônibus leva grupos de turistas para todos os lugares da famosa e bela Bretanha, menos, porém, para o Vale da Paz.

O sinuoso vale mede talvez duas milhas de comprimento. Suas íngremes encostas estão parcialmente cobertas por grandes faias, entremeadas de arvoredos de lariços e abetos. Espalhados pelas verdes encostas estão os chalés e as chácaras que constituem a pequena aldeia. Um córrego atravessa a floresta, o prado, e com suave murmúrio passa pelos pomares e jardins dos chalés para o grande mundo além. Dentro do vale há a beleza verde, uma opulência de flores silvestres, a reclusão e a paz da região. As vozes dos madeireiros e os golpes de seus machados, o canto dos pássaros, o mugido do gado nos pastos, o cicio da brisa nas árvores são os únicos sons que a gente ouve normalmente na época de verão enquanto se contempla a cena repousante. Tudo isso se combina para formar um conjunto harmonioso, a canção da Natureza que ressoa nos lugares onde a sua beleza não foi mutilada. Algumas vezes, nos dias quietos e sem ventilação do verão, o vale parece estar mergulhado em silêncio e paz.

Homúnculos de Árvores

A população de fadas parece ser menos esquiva dos seres humanos nestes matos e bosques do que em outros lugares. As ninfas das árvores, os duendes aquáticos e as numerosas tribos de pequenos duendes não haviam ainda aprendido a ocultar-se ao aparecer o homem. Brincando no espesso tapete das folhas de faia das estações precedentes, que cobria o chão debaixo das árvores, estão centenas de homúnculos marrons. De oito a doze polegadas de altura, variam em cor desde o verde cinza dos troncos das faias até o rico marrom das folhas secas. Muitos deles apresentam as faces de homens idosos, e vestem casacos e joelheiras feitas de material semelhante à casca marrom da faia. Possuem pés compridos e embicados, e alguns calçam diminutas botas. A expressão de seu rosto é de seriedade e zelo – tudo sobre nada. À primeira vista se poderia pensar tratar-se de gente muito importante, mas ao atentar-se para o que corresponde às suas mentes – o mais simples instinto como o de pequenos pássaros – nota-se um vazio quase total.

Eles "vivem" dentro do duplo etérico das árvores, nas quais têm entradas certas. Estas se encontram em geral nas pequenas concavidades dos troncos, frequentemente, embora nem sempre, no nível do solo. Há grupos que vivem sobre as forquilhas onde os galhos do tronco principal se bifurcam e as correntes etéricas se dividem. Ainda que possam mover-se no ar, a curtas distâncias, parecem preferir andar sobre o tronco das árvores. Fazem isso com tanta facilidade como se corressem sobre o solo raso. Não parecem ser afetados pela lei de gravidade, porque às vezes se mantêm em posição horizontal, com seus corpos perpendiculares aos troncos pelos quais sobem e descem.

Ainda que suas formas feitas de éter sejam homogeneamente "sólidas", sem estrutura interior, uma observação acurada de seus movimentos parece indicar algo correspondente a um sistema muscular. Nota-se isso, principalmente, quando eles pulam, o que fazem sempre para distâncias curtas, frequentemente cobrindo um pulo a última meia jarda de sua jornada, de volta para suas árvores. A perna, com que os movimentos são feitos, realmente dá impressão de fragilidade ao se contrair, flexionar e retrair durante o pulo, e ao serem estiradas as duas pernas em direção ao solo. Isso é feito de uma forma absolutamente suave e o movimento seguinte é continuado na mesma sequência, praticamente.

Grande parte deste minúsculo povo gradualmente se tornou consciente da presença de nosso grupo, e reunidos em um ajuntamento semicircular, eles nos observavam de dentro da mata. Alguns estavam sentados, como que paralisados; outros subiam e desciam, e pareciam falar aos seus companheiros sentados, ao passar por eles. Outros, ainda, faziam em nossa direção pequenas caminhadas exploratórias, mas recuavam quando nossas auras se tornavam enormes para eles. Este contato conosco parece acelerar ligeiramente todas as suas faculdades, tal como são. Embora a comparação não seja boa, o efeito é semelhante ao do álcool sobre quem não esteja habituado a ele. Ainda que se extinga, deixará um resultado permanente sobre ele – um aceleramento de sua evolução, espera-se.

Um Anjo de Paisagem

Tanto quanto revelam minhas observações, alguns gnomos, eventualmente, evoluem em gênios ou deuses presidentes de áreas territoriais de dimensões crescentes. Um lindo anjo de paisagem preside este vale. De seis metros de altura, aproximadamente, sua aura brilhante e multicolorida, quando estendida, atinge uma distância de cerca de uma centena de metros, em todos os lados. Ocasionalmente se dilata ainda mais, até alcançar o vale em sua largura máxima, bem como o pequenino regato embaixo.

O rosto é nobre e belo, e os olhos são ofuscantes. Estes são mais centros de força que órgãos de visão, porque não são usados, como os olhos humanos, para ver e exprimir pensamentos e emoções. As cores da aura são brilhantes e mudam constantemente, à medida que as forças áuricas fluem da forma central, em ondas e vórtices. Neste momento a cor predominante é a azul viva e carregada, com escarlate e amarelo dourado trespassando-a e formando redemoinhos e ondas coloridas que fluem dela em uma corrente contínua. Um fundo rosa pálido apareceu então, com suave verde amarelado, azul celeste e amarelo bem suave brilhando de ponta a ponta. Além disso, correntes de força fluem para o alto, saindo da cabeça e ombros, a mais brilhante delas elevando-se de um centro de força do meio da cabeça, que é a sede da consciência na forma.

Por um lento movimento de sua aura estendida vale abaixo, o anjo pode atingir com suas forças áuricas cada coisa viva dentro do vale, vertendo em cada uma delas um quinhão de sua própria e estimuladora força-vida. As hostes dos espíritos menores da Natureza respondem instintivamente aos impulsos avivadores deste anjo, e vi duendes, espíritos das árvores e fadas respondendo ao seu toque, à medida que a sua força os atinge. Os elfos e os duendes sentem uma exaltação súbita, cuja origem não podem compreender inteiramente, embora a reconheçam como um traço constante de suas vidas. As fadas sentem maior alegria sob a estimuladora força vertida pelo *deva*.

O caráter deste *genius loci* é uma combinação incomum da universalidade *dévica* de consciência e impessoalidade de vigilância, com uma vasta compreensão humana das necessidades e dos sofrimentos do ser humano. Estou certo de que é do conhecimento desse *deva* cada nascimento e cada morte dentro do vale, e que toda dor que isso acarreta é aliviada tanto quanto o permita o seu poder. Observei em sua aura formas-pensamento de recordações que mostravam o anjo envolvendo dentro de sua gloriosa radiação as almas dos que haviam morrido recentemente. Vi também que ele observava as crianças brincando e os velhos descansando. É com efeito o Anjo Guardião do vale, e felizes são os que vivem sob seus cuidados. As experiências narradas na Introdução, que provaram o longo alcance de seus resultados, vieram-me neste lugar delicioso.

A presença deste anjo dá à atmosfera uma certa qualidade, uma característica local, notada distintamente em toda a extensão do vale, que tem um encanto fascinador. Essa presença também deve afetar todo o ser humano que ali reside, durante qualquer espaço de tempo, e principalmente os que nascem e vivem dentro da consciência do anjo e da contínua atração de sua aura.

Ondinas

As ondinas pertencem ao elemento sutil da água e, até onde vai minha experiência, nunca são encontradas muito afastadas do oceano, lago, rio, córrego e da cascata. É definitivamente feminina na forma e está despida; usualmente não tem asas e raramente usa qualquer espécie de adorno. Suas formas, sejam diminutas ou da estatura humana, são de arrebatadora beleza, e seus movimentos são cheios de graça. A cascata é um de seus locais favoritos, e lá é vista divertindo-se, muitas vezes, com um grupo de espíritos das águas e desfrutando ao máximo as forças magnéticas da cascata.

Aparentemente, há períodos em que a ondina se afasta da intensa vida exterior na qual é observada com mais frequência, e experimenta um período de calma e repouso sob as profundidades quietas e frias dos poços sob as quedas d'água ou nos sossegados ermos dos rios, bem como em lagos e pauis. Esta vida tranquila debaixo da água está em contraste marcante com a intensa atividade e alegria que ela manifesta por entre a água corrente e os borrifos iluminados pelo sol.

Os três processos fundamentais da Natureza – absorção, assimilação e secreção – são plenamente expressos na vida exterior da ondina; com efeito, pode-se dizer que essa vida consiste de uma contínua repetição desses três processos. Equilibrada no meio da espuma pulverizada pelo vento ou no centro da torrente caindo impetuosa, ela absorve gradualmente a energia vital da luz solar e o magnetismo da queda d'água. Ao ser atingido o limite de absorção, num deslumbrante jato de luz e cor, ela libera a energia em excesso. Nesse momento mágico de liberação, ela experimenta êxtase e exaltação superiores a tudo o que é normalmente possível aos meros mortais prisioneiros da carne. A expressão do rosto e particularmente dos olhos é de uma beleza indescritível. O semblante exprime alegria arrebatadora e um sentimento de vitalidade e poder exaltados, ao passo que os olhos luzem com deslumbrante brilho. O comportamento geral, a forma perfeita e o brilhante esplendor da radiação áurica combinam-se para formar uma visão de arrebatador encanto. Esta condição é imediatamente seguida por um sonho prazeroso, em que a consciência é em grande parte retirada do mundo físico e de sua contraparte etérica, e centralizada no mundo astral. O corpo etérico da ondina torna-se vago e indistinto durante esse tempo, até que, havendo desfrutado e assimilado totalmente a experiência, reaparece e o triplo processo se repete. Depois de algum tempo, ela volta à quietude das águas profundas.

Ondinas em Uma Cascata

Estas fadas da água se assemelham a graciosas mocinhas; estão inteiramente despidas e provavelmente têm uma altura de 20 a 30 centímetros. Seu "cabelo" comprido flutua atrás delas, e usam em suas testas um adorno semelhante a uma grinalda de pequeninas luminosidades. Elas brincam dentro e fora da cascata, atravessando-a rapidamente em diferentes direções, gritando o tempo todo em tons agrestes e extraterrenos. A voz é infinitamente remota e me chega mui debilmente, semelhante a um grito de pastor através de um vale alpino. É um som vocálico complexo, porém ainda agora não posso determinar com facilidade a série de vogais que o compõem. As ondinas podem tanto subir como descer a cascata contra a corrente como permanecer imóveis dentro dela, porém geralmente brincam e cintilam através dela. Quando uma nuvem deixa de interceptar o sol e a cascata volta a ser brilhantemente iluminada, parecem experimentar maior alegria; o tempo de seus movimentos se acelera e seus cantos se tornam mais desembaraçados. Posso apresentar o mais aproximadamente possível o seu canto pelos grupos vocálicos, ii, au, iu, ei, ai, num longo e plangente tom que termina como uma cadência súplice.

Há entre oito e doze ondinas de tamanhos diversos brincando nesta cascata, a mais alta medindo cerca de 30 centímetros. Algumas possuem auras róseas, outras verdes pálidas, e o contato mais estreito que agora consigo mostra-me quão belas criaturas são, e ao mesmo tempo quão remotas estão da família humana. Seus corpos etéricos entram e saem das grandes rochas ao lado da cascata, sem sentir empecilho algum. Sou completamente incapaz de atrair sua atenção ou de influenciá-las de qualquer maneira. Algumas delas passam por baixo da água na poça junto à cascata e ocasionalmente aparecem em meio da água espumante. A grinalda, já mencionada, é luminosa e aparentemente faz parte de suas auras.

O Espírito Presidente de Uma Cascata

Encontramo-nos num caramanchão de samambaia e rochas, um verdadeiro reduto de fadas junto de uma queda d'água no Distrito de Lake, na Inglaterra. A ondina desta cascata parece uma mocinha alta e graciosa, despida e de singular beleza. Difere em algumas características das ondinas previamente observadas por ser mais alta, possuir inteligência bem mais desenvolvida, e as forças áuricas fluem dela por todos os lados em forma de asas. Ela parece animar rochas, árvores, fetos, líquens, além da cascata e do lago. Quando vista pela primeira vez, saltou da rocha sólida – uma figura maravilhosamente linda – e permaneceu parada no ar por um instante, após o que a forma etérica desapareceu. Repetiu este procedimento diversas vezes, mas sua presença ora etericamente visível ora não, continuou a ser distintamente sentida.

Sua forma toda é de uma suave cor rósea. O "cabelo" é belo e brilhante, as sobrancelhas espessas, os contornos lindamente modelados, olhos grandes e luminosos, e embora sua expressão tenha algo do espírito da selva, sua aparência não é desagradável. As asas áuricas são pequenas em proporção ao corpo, e certamente seriam inadequadas para o voo, se esta fosse a sua finalidade; também são de um tom róseo brilhante. Bem mais impressionante que a forma é a auréola que a rodeia, semelhante a um arco-íris, como o halo que se vê algumas vezes rodeando a luz. Esta aura é quase esférica e composta de esferas coloridas e concêntricas, uniformemente dispostas, demasiado numerosas e de movimento demasiado rápido para uma descrição detalhada. Parecia conter todas as cores do espectro, em matizes mais delicados, com a predominância do rosa, verde e azul. Algumas das esferas coloridas são contornadas por uma luminosidade dourada, e além da extremidade superior, uma radiação tremulante, cor de pérola branca, adiciona beleza à auréola e à encantadora forma interior. Sobre a cabeça um poderoso fluxo de força ascendente interpenetra a aura em uma radiação em forma de leque. Parece provir de um ponto situado no meio da cabeça, onde há um centro dourado e brilhante, um pouquinho abaixo do nível dos olhos e entre estes. Toda a região da cascata vibra com a vida desse espírito.

Espíritos do Lago

Em diversas partes da superfície do Lago Thirlmere, que se encontra abaixo de nós, veem-se inúmeros espíritos da Natureza do elemento água, deslizando-se velozmente sobre a superfície, geralmente a uma altura de cerca de dois metros e meio ou pouco menos, porém algumas vezes elevando-se muito mais. Ainda que usualmente permaneçam sobre a água, ocasionalmente sobrevoam os campos. Lembram de alguma forma enormes pássaros voando à grande velocidade. A esta distância não posso distinguir qualquer forma nítida, porque eles assumem e desfazem com grande rapidez muitas formas diferentes, semelhantes às de pássaros. Há uma sugestão permanente do desenvolvimento da aura em forma de asa, e às vezes a aparência de um rosto e cabeça humanos.

Espírito do Lago

Fadas

A fim de auxiliar o leitor a visualizar claramente a aparência de uma fada quando materializada, recomendo o estudo das fotografias de fadas do livro *The Coming of Faires* de *Sir* Arthur Conan Doyle e o livro de E. L. Gardner, *Faires*.[80] Estou pessoalmente convencido da *bona fides* das duas jovens que tiraram essas fotografias. Passei algumas semanas com elas e sua família, permanecendo em sua casa e assegurando-me da veracidade de sua clarividência, da presença das fadas idênticas às fotografias no vale do Cottingley e da absoluta honestidade de todos.

Para que tais fotografias pudessem ser tiradas, as fadas tinham de estar materializadas, presumivelmente por um operador Adepto, invisível, pois só assim poderiam refletir a luz actínica. Neste processo de densificação a verdadeira natureza da forma da fada ficou oculta sob a capa etérica e de uma tênue e reflexiva substância física. As fotografias mostram, por isso, formas carnosas, aparentemente sólidas, com vestuários transparentes. No nível astral, vê-se logo não ter o corpo da fada substância sólida, e consistir

---

[80] Theosophical Publishing House, Londres.

de correntes de energias fluentes que poderiam dar, especialmente à primeira vista, a ilusória impressão de uma estrutura fixa.

A mente humana tende, inevitavelmente, a dar formas familiares às suas percepções. Em consequência, a não ser que se tome grande cuidado, a aparência de solidez nem ao menos se apresenta à mente dos videntes, e geralmente sem se aperceberem do processo e seus efeitos. O observador precisa, portanto, estar constantemente em guarda contra esta ação mental e procurar ver e registrar a realidade, por mais estranha que pareça. Conquanto eu tenha tomado esta precaução, não posso garantir completa ausência de erros.

Dríades

As contrapartes psicomentais das matas são amiúde repletas de interesse e beleza. As forças vitais do reino vegetal e outras emanações das árvores, principalmente das maiores, saturam a atmosfera de radiações delicadas, no meio das quais os espíritos da Natureza das árvores brincam, e os anjos vivem e se movem. Estes últimos às vezes dão mais impressão de uma consciência em estado sonolento e de serem eles próprios expressões da vida das árvores, unidos ao espírito que anima toda a vegetação. As dríades imergem e emergem das árvores, e deslizam pela floresta, tal qual altas e algo tímidas donzelas, esbeltas, graciosas, ataviadas de diáfanos vestuários de muitas tonalidades do verde. Uma descrição poderá servir de ilustração:

As fadas das árvores e os espíritos superiores da Natureza que habitam a floresta de Kendal, em Westmorland, são realmente lindas. Movem-se por entre árvores com graça suave e silenciosa. Uma delas, que penso nos ter observado e não parecia estar atemorizada, vagarosamente levantou seu vestuário tênue e luminoso, pelo que se podia ver fracamente a sua forma rosada. O "cabelo" é comprido, e pontos luminosos tremulam em forma de grinalda ao redor de sua cabeça. Tão belo é o seu aspecto que, não fosse a completa ausência de autoconsciência e a absoluta candura demonstrada na expressão de seu rosto e olhos, eu pensaria que estava fazendo poses. À volta toda havia outras igualmente belas, cada uma diferindo muitíssimo pouco de suas companheiras, e muitas delas bem menos conscientes do exterior. Outra, cujas costas estavam voltadas para mim, possui lindo "cabelo" comprido e escuro, que caía bem abaixo da cintura. Um delgado braço branco está estendido à sua frente, um pouquinho para o lado, enquanto desliza lentamente pela floresta. Muitas vezes elas dão a impressão de serem mais espíritos da Natureza com identidades separadas do que almas de árvores; por assim dizer, expressões do espírito da Natureza da vida evolucionante da árvore. Pois se fundem com as árvores maiores, desaparecem da vista por algum tempo, e mais tarde reaparecem e se movem pela floresta.

As comparações podem trazer confusão, mas quando observamos os espíritos da Natureza e os anjos que habitam as florestas, alguns nos dão a impressão de peixes surgindo das profundidades do oceano, para nítida focalização durante alguns momentos, e depois retrocedendo, os perdemos de vista, imersos de novo em seus elementos aquáticos. Os anjos de árvores mais velhas e maiores demonstram clareza humana de visão e poder mentais. Seu olhar pode ser agudo e penetrante, quando prestam atenção em alguém que entra em seu reino, e é capaz de vê-los e comunicar-se com eles. Não obstante, em seu caso, também se tem a impressão de uma completa identificação de sua vida e consciência com a das árvores que animam e cuja evolução auxiliam.

Fascinação das Fadas

Certa vez, quando eu estudava a vida dos espíritos da Natureza, no distrito de Lancashire, um espírito da Natureza do ar, algo evoluído, associado ao reino das plantas, proporcionou uma interessante exibição da fascinante influência que algumas espécies de fadas são capazes de impor a quem se aproxime de seu domínio. A minha anotação da experiência diz:

Uma linda e muito evoluída fada está associada a uma cerca de roseira silvestres, na qual florescem rosas em profusão. Era muitíssimo atraente e tinha um metro e pouco de altura.

Alegria da Fada

Brilhantemente ataviada num vestuário áurico, transparente, tênue, observava-nos com o mais amigo dos sorrisos. Sua aura era de notável vitalidade e parecia uma nuvem de muitas cores suaves, porém brilhantes, por entre a qual raios de luz ofuscante reluziam e irradiavam. As cores incluíam a rosa pálida luminosa, verde clara, azul arroxeada pálida e fosca, e azul, através das quais pontilhavam brilhantes raios de luz. Ela se encontrava em estado de exaltada felicidade.

Como experiência, sujeitei-me parcialmente ao enfeitiçamento que ela deliberadamente exerce ao apelo que me fazia, ou antes desafiava-me para que eu abandonasse o mundo dos homens e compartilhasse com ela e outras de seu gênero pairando próximo, a alegria despreocupada do Reino das Fadas. Durante algum tempo, quase inconsciente do corpo, mas sempre suficientemente desperto para retornar quando quisesse, experimentei um pouco da alegria, da radiosa e despreocupada felicidade, que parece ser a condição permanente de todos os habitantes do mundo das fadas. Há perigo em um contato demasiado próximo[81], pois requer um decidido

---
[81] Vide: *La Belle Dame Sans Merci*, Keats.

esforço para retornar e retomar o fardo – como então me parecia – da existência física.

Um Convite da Fada

Fadas e Elfos da Relva

A superfície deste campo é densamente habitado por fadas, duendes e uma espécie de pequenos elfos associados com a relva. As fadas voam pelo ar, tomando atitudes graciosas e exprimindo alegria e jovialidade no mais alto grau. Algumas voam isoladamente, parando um instante entre os voos, tendo em suas mãos algo que pareciam jogar às plantas e flores cada vez que paravam. Estendem suas mãos como que aplicando forças vitais às plantas, cujos duplos etéricos cintilam em consequência, e em seguida afastam-se velozmente, de novo. São definidamente de aparência feminina, vestidas de branco ou rosa bem claro, material tremeluzente de textura excessivamente fina. O vestido é apertado na cintura e brilha como madrepérola. As asas áuricas, quando etericamente materializadas, são pequenas e ovais.

Os elfos têm de três a seis polegadas de altura. São pequenas figuras construídas de força, brilhando com luz verde, e parecem estar vestidos com uma indumentária simples, coleante, verde como a grama. Suas faces são rechonchudas e infantis. Os olhos têm expressão algo brejeira, e eles estavam totalmente absorvidos nos seus curtos e oscilantes voos pelo campo, isolados ou em grupo. De vez em quando as correntes de forças de suas auras parecem unir-se e cruzar-se acima da cabeça, dando a alguns deles a aparência de terem chifres. Estão associados à vida vivificadora das células da grama e outras plantas, e presumivelmente tomam parte, embora pequena, na demarcação de sua forma.

Elfo da Grama

As Fadas Dançarinas, Cottingley

Uma luz radiante brilhou subitamente sobre o campo, a uma distância de mais ou menos cinquenta e cinco metros. Deveu-se à chegada de um grupo de fadas, sob o controle de uma fada superior, autocrática e definida em suas ordens, mantendo comando absoluto. O grupo se espalhou num círculo, que se ampliava gradualmente ao redor da fada superior, e à medida que o faziam, cintilava um suave brilho sobre a grama. Como em seu giro subiam até o topo das árvores e desciam até o chão, o círculo devia ter um diâmetro aproximado de quatro metros. A fada comandante estava no centro, um pouquinho acima das outras, e todas as demais do grupo estavam ligadas a ela por uma corrente de luz. Estas correntes eram de diferentes tonalidades do amarelo tendendo para o alaranjado; juntavam-se no centro, diluindo-se em sua aura, havendo nelas um fluxo constante oscilando para diante e para trás. A forma produzida assemelhava-se à de uma fruteira de vidro opalescente, invertida, com a fada central como haste e as linhas de luz, que fluem em curvas graciosas e uniformes, formando as bordas da fruteira. Tive a impressão de que os revezamentos e os complexos desenhos produzidos pela dança, que seguia animada, proporcionavam um modelo para o desenvolvimento de formas no reino das plantas da Natureza, nas adjacências.[82]

O Distrito de Lake

Um grupo de fadas está saltando e dançando em um pequeno platô à margem do rio Wythburn. Seus corpos, de uns quinze centímetros de altura, têm aparência feminina. Sua indumentária, principalmente azul pálida, e suas "asas" que são similarmente coloridas e de forma quase oval, estão constantemente adejando enquanto dançam em círculo, de mãos dadas. Algumas delas usam uma faixa solta, da qual pende um instrumento semelhante a uma haste. Todas estão envolvidas por um material que serve para velar a forma rósea, mais completamente do que o usual neste tipo de espírito da Natureza. Seu "cabelo", sempre marrom, varia dos tons mais claros até os mais escuros.

Estão efetuando um movimento combinado, que sugere uma dança regional, e suponho que deve ser o seu pensamento e seus movimentos que fazem aparecer e desaparecer rente ao chão numerosas florezinhas astroetéricas semelhantes a margaridas, dentro e em redor do círculo, isoladas ou

---
[82] Estudos posteriores confirmaram esta primeira impressão. Vide Parte III – Capítulo III, "As Fadas Construtoras de Formas", *et. seq.*

em forma de grinaldas ou correntes. Também descarregam na atmosfera circundante uma energia especializada em forma de chispas de prata, e um lindo efeito combinado é produzido por esta exibição elétrica em miniatura, que flui através de suas auras e da névoa luminosa em que todo o grupo se banha. Esta névoa eleva-se provavelmente a uma altura de vinte a vinte e cinco centímetros acima de suas cabeças, e atinge o seu ponto mais elevado sobre o centro do grupo. O efeito disto é dar às fadas a impressão de completo isolamento. De fato, nenhum espírito da Natureza da vizinhança penetra a esfera encantada.

As fadas dançarinas modificaram agora sua formação e realizam uma evolução de considerável complexidade, atravessando o círculo de "correntes" radiais. Este não permanece no mesmo lugar, e quando o grupo se movimenta a aura segregada move-se com ele. A dança, que é também um ritual, parece-se com certas figuras nas Quadrilhas. As fadas possuem um acentuado senso de ritmo, porque ainda que seus movimentos sejam espontâneos e livres, de certa forma há um marcação de tempo.

Enquanto as observo, constroem lentamente no centro do círculo uma forma rósea do feitio de um coração, cujas pulsações descarregam a força prateada que flui em finas linhas ou estrias. O encaixamento áurico aumentou agora consideravelmente de tamanho, e não difere de uma grande concha de vidro invertida. Elas parecem ter alguma ideia de que estão criando ou construindo uma forma definida, pois as divisões radiais, extremamente finas e resplandecentes, foram construídas, dividindo a tênue forma em compartimentos. Gradualmente o grupo se afastou do campo de minha visão, tendo sem dúvida levado a efeito alguma função formativa em benefício do reino das plantas.

Uma Fada Rainha

Estamos rodeados de um grupo de alegres fadas, que dançam. A chefe mede uns dois pés de altura, e está vestida com tecidos flutuantes e transparentes, e tem uma estrela na testa. Possui grandes e cintilantes "asas", em delicados tons de rosa e azul arroxeado pálido. Seu "cabelo", de um luminoso castanho dourado, ondula por detrás dela, misturando-se com as outras forças que fluem de sua aura. A forma é perfeitamente modelada e arredondada, semelhante às de uma mocinha, e na mão direita segura uma varinha. Seu rosto está marcado com uma decidida expressão de força, notada principalmente nos claros olhos azuis que na ocasião luziam como fogo vivo. Sua testa é ampla, seus traços pequenos e graciosos, as delicadas orelhas um poema de perfeição física. O porte da cabeça, pescoço e ombros era régio e toda a sua atitude cheia de graça. Uma radiância azul pálida envolve esta linda criatura, enquanto raios de luz dourada fulgem ao redor e sobre sua cabeça. A parte inferior de sua aura é carmesim irisada com luz branca.

Ela está consciente de nossa presença, parece entender o meu propósito e graciosamente permaneceu mais ou menos imóvel para esta descrição. Levantou a varinha cujo tamanho equivale à parte dianteira de seu braço, e que era branca e brilhante, com uma reluzente luz dourada na ponta. Ouvi músicas suaves e longínquas, demasiado etéreas para se captar, músicas que só poderiam ser produzidas pelo tanger suave de delicados martelos, em hastes pendentes e afinadas. É mais uma série de sons vibrantes do que uma melodia consecutiva e possivelmente pela minha total inaptidão para captar o som. Talvez seja um remoto eco da divina canção criadora, a música da Voz, então profundamente audível nestas regiões do mundo físico. Em seguida, o grupo todo se elevou e desapareceu.

Silfos

Por cima dos pântanos de Lancashire, divertindo-se com a força do vento, vê-se grande quantidade de anjos e espíritos naturais do ar. Estes silfos são de estatura um pouco inferior à humana, porém de forma perfeitamente humana, embora assexuais. Divertiam-se tumultuosamente em grupos de dois e três, movendo-se a uma grande velocidade através do céu. Há uma certa impetuosidade em sua alegria, quando se comunicam, e o som de seus gritos, semelhante ao assobiar dos ventos, lembra o chamado das Valquírias, na ópera desse nome, de Wagner.

À primeira vista parecem alados, com um par de magníficentes asas brancas ligadas ao corpo desde os ombros até os pés.

Alguns parecem apresentar formação retangular semelhante a penas nestas "asas". Contudo, isto é uma ilusão produzida por forças fluindo pelas suas auras. Predominam claros tons róseos, enquanto uma luz radiante e multicolorida tremula continuamente, à volta de suas cabeças. Um grupo de três, que particularmente observo, apresenta a mais espetacular visão. Enquanto rodopia e voa, através da extensa abóbada celeste, forças brilhantemente coloridas fulguram com extrema rapidez entre eles e ao seu redor, porém mais especialmente no ar, em cima. De vez em quando, faixas matizadas, em listas coloridas, correm de um silfo para outro. São principalmente azuis, rosas, verdes e arroxeados pálidos, cintilando continuamente através deles energias douradas em forma de chamas. Há uma sequência definida nesta comunicação colorida, cujo sentido me era desconhecido, se bem que as principais notas parecem indicar exultação e alegria.[83]

Silfo

---

[83] Estes estudos iniciais foram seguidos de investigações posteriores, às quais foram acrescidas certas informações adicionais. Vide Parte II, Capítulo III.

Os rostos destas criaturas astromentais do ar se assemelham aos das estranhamente belas amazonas, fortes, cheias de vida, mas controladas, a despeito de seu abandono aparentemente negligente. Movimentam-se com muita rapidez através do ar, porque percorrem em um segundo distâncias de dez a quinze milhas.

Silfos da Tempestade

Enquanto da encosta de Helvellyn eu observava a aproximação de uma massa escura de nuvens de chuva, vi alguns espíritos naturais do ar, semelhantes a pássaros, vir à frente das nuvens que se aproximavam. Muitos silfos eram escuros e causavam temor, dando uma leve sugestão de grandes e velozes morcegos que se precipitavam. Eles se arremetiam para trás e para a frente, através do vale de Wythburn, algumas vezes seguindo rente ao contorno dos morros. Pareciam extremamente excitados, dando a impressão de que estavam intensificando as condições elétricas e magnéticas características de uma tempestade. As suas feições eram humanas e bem modeladas, embora sua expressão fosse marcadamente desagradável. Havia grande número deles – provavelmente uma centena – incluindo algumas variedades de silfos mais claros. Emitiam um sinistro e barulhento guincho, e de vez em vez subiam verticalmente, atravessando as nuvens para reaparecer acima delas.

A Grande Tempestade em Londres[84]

Indescritíveis são os seres demoníacos e terrificantes que no alto das regiões aéreas são vistos exultantes na fúria da tempestade, enquanto o clarão recortado de relâmpagos e o ruído atroante dos trovões continuam, hora após hora, a noite toda. Sua aparência levemente insinua a de gigantescos morcegos. Têm contornos do corpo humano, se bem que não seja

---

[84] 10 de julho de 1923.

o espírito humano o que brilha através daqueles olhos grandes e oblíquos. São escuros como a noite, e a aura que os circunda é vermelha, em forma de chama, dividida em duas grandes asas atrás da forma central. O "cabelo" flutua atrás da cabeça, como línguas de fogo. Milhares de seres, dos quais esta é apenas uma imperfeita descrição, divertem-se na força da tempestade. O estrondo causado pelas forças poderosas lhes produz intensa exaltação de consciência, enquanto eles se elevam, planam, rodopiam, arremessam-se, descem aparentemente intensificando as forças de tempestade que neles parece encontrar corporificação.

Atrás e acima deles, bem no centro da tempestade, há um ser, comparados com o qual os elementais da tempestade e desintegração não passam de morcegos esvoaçantes. Lá bem no centro vê-se um dos grandes *devas* dos elementos, humano em forma, porém, semelhante a um exaltado super-homem em beleza, majestade e poder. O conhecimento desta presença inspirou calma e coragem, quando exatamente antes de o corisco de um relâmpago fender o céu com uma fita de fogo, um dos escuros seres pareceu arremessar-se para baixo e por um momento pairar ameaçadoramente, pouco acima de nós. Os olhos malignos, coruscantes de fúria, estavam fixos sobre a terra embaixo. Por uma fração de segundo a consciência atrás daqueles olhos foi tocada, produzindo-me uma sensação de vertigem e terror como não experimentara desde os tempos da primeira Guerra Mundial. Sob este teste, o valor daquelas provas foi realizado, porque automaticamente a vontade superou o medo e acalmou o tremor do corpo, causado pela visão e pelo estrondo ensurdecedor do trovão que o acompanhou. Depois o escuro e demoníaco ser da tempestade fugiu, soltando o fatídico exultante e extraterreno grito da sua espécie, que era continuamente audível durante toda a tempestade.

No meio de todo este tumulto havia uma calma, um inalterável equilíbrio, um poder reconhecido mesmo por estas turbulentas regiões. Além de um certo limite elas não poderiam ir, pois eram sempre controladas pela vontade do Senhor da Tempestade, que reinava supremo sobre as forças elementais.

Salamandras

A descrição dos espíritos naturais do fogo é algo difícil de obter e anotar, por não possuírem forma definida e ser o seu elemento relativamente sem forma. Tem-se a impressão de uma forma fundamentalmente humana, membros e "cabelos" construídos de fluentes correntes de energia ígnea, que se precipitam, e apenas raramente se amoldando à configuração e posição da estrutura humana.

Salamandra

O rosto, quando não velado pelas chamas áuricas, é de aparência bem humana. A sua expressão, entretanto, é completamente inumana, enquanto que seus olhos oblíquos para cima parecem brilhar com uma espécie de desalmado prazer na destrutiva força de seus elementos. O rosto é triangular, o queixo e as orelhas pontudos, a cabeça envolta e delineada por chamazinhas tremulantes de cor vermelha alaranjada, por entre as quais atirava línguas de fogo. O tamanho das salamandras varia desde uns 70 a 90 centímetros de altura até os grandes colossos de ígneo poder, que são os Senhores do Fogo, associados ao Sol. A descrição seguinte, sendo dos Deuses maiores e não dos Deuses menores, e aqui incluída em benefício da continuidade do estudo dos quatro elementos e de seus habitantes, foi tirada da Introdução e do Cap. IV do meu livro *The Angelic Hosts*.[85]

---

[85] The Theosophical Publishing House, Londres.

Parecia-me estar com ele (o anjo instrutor referido na introdução do presente livro) submerso em um mar de fogo, que era homogêneo e onipenetrante, além de translúcido e transparente. Pareceu-me também ver a formação floriforme do aspecto do *Logos* Solar e de Seu Sistema, como se estivéssemos o anjo e eu em uma de suas pétalas. Ainda que a distância e as dimensões deste mundo ígneo fossem tão colossais que se tornavam fisicamente incompreensíveis e além de toda medida, contudo, deste nível elas estavam dentro do meu alcance, e o fato de eu estar completamente submerso em uma catarata de chamas que passavam e redemoinhavam sobre mim, não me impedia de ver o seu conjunto e a sua forma, como se eu o estivesse também observando das alturas. Pude descobrir a sua origem no Sol e ver seus limites onde a ponta de uma pétala atinge o "Anel Intransponível" ou órbita do Sistema. Não pude descobrir a relação do Sol físico com o Sol ígneo, mas o tamanho e a luminosidade relativos eram tais que o Sol físico estaria quase perdido em sua contraparte ígnea.

Sob guia do anjo, movia-me dentro deste mar de fogo, mas, apesar da grande distância percorrida, sempre se apresentavam os mesmos aspectos. Se alçávamos ou afundávamos nesse mar de fogo, ou atravessávamos uma grande área de chamas, o Sistema continuava a parecer um girassol, apresentando toda a sua corola para nós. Por contraditório que isso pareça, será inteligível aos familiarizados com a ideia da quarta dimensão. No nível do fogo, entretanto, as aparentes direções do espaço e as características reveladas pelo conhecimento superfísico são superiores a quatro.

A aparência dos ígneos Senhores solares era sublime e inspirava profunda reverência. Sua estatura deve ser gigantesca. Ainda que não atinja o tamanho das pétalas principais, dado que eles permanecem como uma corola interna em volta do ígneo coração central da flor, eram suficientemente grandes para ser notados de pontos próximos à orla externa do Sistema. Quando nos aproximamos do centro, pareceram ser colossos solares, e em um dos nossos pontos de descanso, um simples Ígneo Senhor encobria completamente o campo de visão. Suas formas eram definidamente humanas, embora cada célula de seus corpos se assemelhasse a uma caldeira barulhenta, enquanto que chamas saltavam e ondulavam continuamente em volta delas. Não lhes pude ver o rosto distintamente e seus olhos se esquivavam de minha vista – talvez por uma providência misericordiosa – mas fiquei profundamente impressionado tanto pela expressão de beleza como de poder. Sua beleza não estava tanto no contorno e na forma, embora seus corpos fossem inexprimivelmente belos. Pertencem mais ao ideal abstrato da beleza que corporificam. No mundo do fogo percebi que, como há um aspecto ígneo de Deus, também há um aspecto de beleza, igual ao do fogo em seus efeitos regeneradores, transformadores e destruidores, igualmente glorioso, igualmente terrível, igualmente perigoso para aquele que contemple seu poder a descoberto. Comecei a avaliar a verdade do dito de que ninguém pode ver a Deus e viver. O homem pode alçar-se às alturas da montanha espiritual e a beleza de Deus pode transfigurá-lo, mas a não ser que esteja preparado para o seu irresistível poder, pode ser completamente destruído.[86] No mundo do fogo, parece existir um sistema perfeitamente organizado por meio do qual tais perigos são afastados o mais possível. O ilimitável poder, glória e beleza do Logos atravessam a Hierarquia Angélica, que atua como um transformador para os reduzir e moderar, e assim as formas são construídas em vez de destruídas e os habitantes dos níveis inferiores não são ofuscados pelo seu tremendo poder.

    Os Arcanjos do Fogo vivem entre estas forças e dirigem a ação das ígneas energias solares, de acordo com a vontade daquele supremo Senhor do Fogo que é a Fonte de sua existência. São os Deuses do Fogo e os Arcanjos da Chama, os regeneradores espirituais do Sistema. Corporificações viventes do poder ígneo são os Vice-Regentes do Supremo Governador, de quem o Sistema Solar e os Senhores do Fogo são expressões. Totalmente dourados e semelhantes a chamas, parecem gigantescos homens construídos de chamas, tendo cada um em sua mão uma lança e na cabeça uma coroa dourada de fogo vivo. Chamas brotam deles de todos os lados. Toda mudança de consciência libera línguas de fogo, cada gesto uma inundação

---

[86] Somente no que concerne à sua individualidade pessoal, pois o Morador do Mais Íntimo é imortal, eterno e indestrutível.

de fogo. O poder passa através deles, transformado, senão sua força pura destruiria o próprio Sistema Solar, que por mediação deles ele recria, regenera e transforma. Eles servem de escudo do Sistema Solar, senão a ígnea energia poderia cegar os olhos daqueles para quem é uma fonte de luz, queimar aqueles para quem é uma fonte de calor, e destruir aqueles para quem é uma fonte de poder. Tais são, em pequena parte, os Poderosos Seres que permanecem ante o ígneo trono do Pai dos Anjos e dos Homens. Abaixo deles, escalonados, estão enfileirados os Deuses do Fogo. Os mais jovens entre eles, os espíritos da Natureza de seu elemento, são as salamandras, os futuros Senhores do Fogo.

Parte III
Os Sephiroth

Capítulo I

Os Anjos da Vontade, Sabedoria e Inteligência

Os Universos são formados e interpenetrados por um Poder deífico, infinito, criador, vitalizante e transformador, que em tibetano se chama *Fohat*. Esta Vida Una contém em si potencialidades infinitas de produção de Universos, seres e formas. Tem duas maneiras de existência: uma passiva, outra ativa. Durante a sua manifestação passiva, do ponto de vista objetivo, somente existe a escuridão. Os processos de emersão, densificação, evolução e transformação de Universos, seres e formas em estado espiritual ocorrem durante o período de atividade. Estas duas fases, a passiva e a ativa, alternam-se sem cessar através da eternidade. São conhecidas como Noites e Dias nas cosmogonias do mundo.

No início do período criador, o princípio da Ideação, inerente à Vida Una, torna-se manifesto como Mente Universal ou Inteligência Divina. Ainda não é um Ser, mas, sim, um poder que se desperta no Espaço ilimitado, ao toque ou "sopro" fertilizador da Vida Una. Na Mente Universal aparecem localizadas ou focalizadas áreas do Pensamento Divino. São os "núcleos" no interior das primordiais "células de pensamento" de um Universo, das quais emanam impulsos criadores. Ainda não são seres individuais, embora contenham a potencialidade de todos os seres.

O processo de emanação continua, sendo os primeiros a emergir os Sephiras, as Enumerações, as divinas Inteligências Criadoras. Sob leis numéricas, estas se combinam para cumprir os desígnios contidos na Ideação divina. Os mais elevados Arcanjos, dos quais por sua vez emergem as Hostes Angélicas, estão incluídos nessas Emanações. Os Anjos são, portanto, Emanações da Vida Absoluta nascidas da mente, e quanto mais próximos em tempo e condição do Absoluto, tanto maiores são os seres. Esta hierarquia faz parte da ordem estabelecida da Criação. No topo da escada da existência angélica estão as primordiais Inteligências Sephirotais, os Arcanjos da Presença, os Poderosos Espíritos ante o Trono. São os Primogênitos, as mais elevadas, as maiores – salvo para a Corporificação Primeva da Mente Universal – manifestações da Inteligência e Poder Criadores do Universo. São perpétuos, existindo desde o amanhecer até o anoitecer do Dia Criador. No outro extremo da escala de existência angélica estão os últimos nascidos, as minúsculas vidas emergentes do oceano da Vida, os Sephiras em miniatura, os espíritos da Natureza.

Os Filhos da Vontade

Dentro desta raça de seres dispostos hierarquicamente, existem pelo menos sete divisões principais, classificadas segundo o poder dominante manifestado em cada uma delas. O Sephira da Vontade dá à luz inúmeros "filhos", cada um por sua vez o progenitor de uma vasta prole inteiramente imbuída do fogo da Vontade onipotente. Seu atributo é força, e são agentes da vontade manifestada daquela soma dos Sephiras, que é *Logos* do Universo. Investidos de poder cósmico, envoltos de branca radiação, estes genitores, "Estrelas Matutinas", apresentam brilho superior a um milhão de sóis. São criadores, porque o raio criador, o "dardo" *fohático*, a seta de Eros, é por eles, como "arqueiros", dirigido ao seu alvo que, no início, é aquela região do espaço onde o Universo vai aparecer. Durante a sua formação e crescimento eles continuam a enviar seu ígneo raio, que "explodindo" em inumeráveis e turbilhonantes lanças de força, transformam átomos em seres. Os átomos primordiais são de uma única espécie. Constituem a camada superior de cada um dos sete graus de densidade da matéria, da qual são formados os sete mundos ou planos. Combinações atômicas diferentes formam substâncias e elementos químicos diferentes, tanto no aspecto numênico como fenomênico do Universo. A energia formadora do átomo é

Fohat. Dirigem o processo os Sephiras da Vontade e suas Emanações.

Com sua plena autoconsciência, os Arcanjos da Vontade manejam esta poderosa força. Em degraus decrescentes, anjos da vontade executam suas tarefas. O puro instinto guia os espíritos da Natureza em suas funções de servidores da Vontade Una. São os gnomos, os elementais da Terra.

Os Filhos da Sabedoria

Os Sephiras da Sabedoria e seus "filhos" corporificam e tornam manifestos os princípios de coesão, equilíbrio e harmonia, inerentes em *Fohat* e em tudo o que ele cria. Também dirigem as correntes vitalizadas de energia solar, pela qual se dá coordenação e vida às combinações atômicas, moléculas, substâncias e formas. Tais seres são denominados Filhos da Sabedoria, porque as Inteligências que combinam e harmonizam são sempre sábias, mantendo conscienciosamente o devido equilíbrio[4] às diversas e diferentes partes da Natureza. Cada qual envolve vastas regiões em sua aura e serve tanto de veículo como de recipiente aos raios da força *fohática* enviados e recebidos.

Estas atividades dos Filhos da Sabedoria e de outros Sephiras são mencionadas na linguagem dos Mistérios como convivências criadoras, lícitas ou ilícitas, entre Deuses e Deusas, e como a progênie supostamente produzida. As funções dos Sephiroth e os fenômenos naturais resultantes eram assim explicados por alegorias e fábulas que, revelando as verdades sagradas aos santificados, velava-as aos profanos. Este foi sempre o método dos Mistérios.

Os anjos da Sabedoria servem em regiões de dimensões menores e densidade maior. Os espíritos da Natureza aquáticos, como um elemento sutil, o grande recipiente e condutor da Natureza, instintivamente desempenham o seu papel nas mais remotas regiões e nos mais densos estados da substância no Universo.

Os Filhos da Inteligência

O Pensamento que dormiu como uma potência, durante a Noite criadora, acordou ao alvorecer para encontrar corporificação na mais tênue de todas as substâncias, o Espaço pré-atômico. Quando depois disso, *Fohat* formou os primeiros átomos, a Mente ordenou o modelo de sua coesão. Quando os elementos apareceram, foi a Mente que os concebeu. Quando se lhes seguiram as formas, a mente as modelou de acordo com um "sonho" transcendental de que acordara ao Alvorecer. A Mente é o Artífice-Artista do Universo.

O Sephira da Mente, de si e através de si, deu origem a uma inumerável progênie, as Hostes Angélicas da Mente, das quais, por sua vez, surgiram silfos e espíritos da Natureza, fadas e todas as hostes aéreas. Estes servem a Mente Universal. Modelam a vestimenta externa da Natureza. Concebem, e, plano por plano, mentalmente projetam os Arquétipos, até atingir os mundos mais densos e aparecerem as formas terrestres.

A Mente Universal é onipresente. Entre os egípcios, o Deus Tehuti, Sephira do Pensamento e da Lei, era seu símbolo e corporificação, precedente no tempo e contudo permanecendo atrás do *Logos* Criador, o Amon-Rá com cabeça de carneiro. Em sua palheta, ambos calculavam e anotavam os ciclos cósmicos e as Noites e Dias de Rá. Mesmo *Fohat* obedece ao Sephira do Pensamento, o Senhor do Número e da Lei.

Deuses e Deusas

Cada Sephira é assistido pelo seu par. Cada Arcanjo tem sua contraparte, que é a sua própria "sombra" animada, a sua duplicata. Todos os Deuses têm as suas Deusas consortes que são corporificações espirituais de seu poder, tal como os próprios Deuses são, por sua vez, corporificações do Poder Universal, em um ou mais de seus inúmeros aspectos. Os últimos três dos sete Sephiras são os reflexos dos três primeiros, Suas Deusas, embora cada qual seja uma poderosa Inteligência Individual que, neste e em Universos precedentes, evoluiu até o elevado grau atual.

Cada um dos sete Sephiras é um Oficial nomeado para um cargo no governo do Universo. Cada qual é um especialista em um grupo de atividades criadoras, um perito em processos criativos, com poderes especiais em um dos sete "campos".

As Inteligências Sephirotais estão muito além da compreensão humana. A vontade e o pensamento são virtualmente onipotentes nelas. Por meio destes dois instrumentos, elas estabelecem e mantêm durante todo o Dia Criador as regiões dentro do campo circunscrito, em que o Sol e os planetas serão mais tarde construídos. Através dos períodos de densificação desde a pura Matéria-Espírito até o Sol e globos físicos, e a subsequente eterização progressiva até o estado original de pureza, é perfeitamente mantida a concentração que produz estes fenômenos. Perpetuamente criando de acordo com a lei numérica pela ação unificada do pensamento-vontade, os Sephiras são os Senhores imóveis, cuja concentração é ininterrupta e invariável durante todo o período de atividade criadora.

Capítulo II

Os Anjos da Beleza, da Mente e do Fogo

Os três primeiros Sephiras, os da Vontade, Sabedoria e Inteligência, são os primários. Os três últimos são seus consequentes. O quarto representa o princípio de ligação entre estes dois grupos. A força dos três primeiros e as "respostas" dos três secundários passam através do quarto Sephira intermediário. A interação entre estas Forças poderosas, o interfluxo entre os três Sephiras espirituais e os três materiais, geram uma tensão no interespaço. Formam-se linhas de força na substância primordial e são essas que proveem os Arquétipos maiores e menores, os modelos geométricos de vida segundo os quais todas as formas são construídas.

O quarto Sephira é, portanto, um Oficial de suprema significação. Em meio da pressão criadora, ele deve manter as "formas" predeterminadas, os Arquétipos ascendentes e descendentes. A preocupação do quarto Sephira e de seus subordinados é a manutenção do ritmo e das frequências de oscilação pré-escolhidas, na interação entre as forças primárias e secundárias em aparente oposição. Todos os poderes, atributos, funções e atividades dos seis Sephiras têm de ser possuídos e dominados pelo quarto, o qual tem de refreá-los e dirigi-los de acordo com a Lei numérica. A mente do homem percebe os resultados destes trabalhos do quarto Sephira como a ordem e a beleza do Universo.

Em esferas concêntricas, da mais interna à mais externa, do último ao primeiro degrau da escada sephirotal, os modeladores de formas trabalham na oficina-estúdio, que é o Universo objetivo. Seu instrumento é o fogo criador, e seu meio, a substância criativamente impregnada. A Fonte do poder e do gênio com que eles trabalham é a Inteligência criadora, também ativa como instrumento e como agente. O quarto Sephira e suas Emanações são onipresentes e trabalham sem cessar do centro à extremidade dos braços da Ígnea cruz de seis braços[87], formada pelas seis vias seguidas pela fluente e refluente energia criadora.

O Senhor Contemplativo permanece no centro de onde todos os braços irradiam e todas as forças surgem. Dali irrompem e para ali retornam todas as forças. Os Arcanjos e os anjos têm seus postos ao longo dos braços, em distâncias cada vez maiores, a contar da força primária. Os espíritos da Natureza, qual corpúsculos dançando dentro de uma projeção de luz, moram nas extremidades externas. Contudo, todos são um. Arcanjos, anjos e espíritos da Natureza são apenas emanações e corporificações da Vida Una dentro de sua própria fonte sephitoral. Sendo assim unos, todos são movidos só por impulsos emanados daquela Fonte, e obedecem a um simples pensamento e vontade sephirotais.

O Sephira das Formas Mentais

O quinto Sephira e toda sua Hoste são os primeiros a conceber as formas evolucionantes. Através da mente deste poderoso Ser, as Ideações divinas passam do estado arquetípico para o concreto. O tempo, enganador, confina o ilimitado e o atemporal dentro daquela prisão, cujos "muros" são construídos de milhares de séculos. O passado, o presente e o futuro aprisionam ali aquele Pensamento divino que para o terceiro Sephira é duradouro, para o segundo é permanente e para o primeiro é eterno. Com um pé, por assim dizer, no tempo e outro na eternidade, o quarto Sephira une os estados morfo e amorfo e possibilita a transferência da Ideação divina do Arquétipo não envolvente para miríades de formas envolventes. No início estas formas locais e atemporais são defeituosas, toscas e imperfeitas. Por último são sem falhas, completas e perfeitas.

Os processos do aperfeiçoamento das formas são dirigidos pelo quinto Sephira sob qual escalonadamente trabalham Arcanjos, anjos e espíritos da Natureza. Estes seres não criam as formas. A Ideação divina,

---

[87] Vide Parte II, Capítulo II, p. 82 *et seq.*

do interior da Vida Una e através do terceiro Sephira, dá nascimento aos Arquétipos genitores: Estes "sopram" nas águas virgens do espaço inferior e "proferem" o "Verbo" arquetípico. O Espaço concebe e lentamente gera as formas separadas, cuja potencialidade reside perpetuamente no Pensamento divino.

Estas primitivas formas, presas no tempo, prenhes de vida e em crescimento, aparecendo como que espontaneamente na matéria prima mental do Universo, são imediatamente sujeitas a dois processos pelo quinto Sephira e suas Hostes. Suas formas são aperfeiçoadas e, em ciclos sucessivos, são projetadas nas regiões astral e física, onde presidem os sexto e sétimo Sephiras. Ali são aperfeiçoadas e enrijecidas, polidas e densificadas pelas atividades combinadas dos três últimos Sephiras e suas Hostes. Aparecem primeiramente como formas-pensamento, imperfeitas, disformes. Prenhes da vida e como sensação incipiente, são revestidas de substância mais densa. Completamente enrijecidas ou manifestadas no físico mais denso, tal qual modelos de gessos fundidos em bronze, atingem sua máxima condensação no decorrer do tempo. Assim é que nascem os planetas. Por fim, elas morrem e se desintegram, mas sua vida e formas ideais são preservadas de novo e projetadas nas suas sucessoras.

O trabalho sephirotal não cessa. A perfeição implícita no imperfeito domina a substância resistente. A matéria torna-se mais maleável, o pensamento mais formativo, a vida mais sensível à medida que as formas evoluem. Finalmente, o pensamento torna-se onipotente. O sétimo "Verbo" sephirotal então "se faz carne", e por último, em plena perfeição, "mora entre nós", ou torna-se materialmente manifesto.

O quinto Sephira é assim o responsável pela produção mental em forma da abstrata Ideação criadora, a qual atravessou o estágio arquetípico sob o terceiro Sephira. Esta forma-pensamento, única e oni-inclusiva, que se divide em miríades de formas separadas, tem de ser mentalmente mantida por todo o *Manvantara*. Nenhuma ruptura na concentração do pensamento-vontade do quinto Sephira deve macular a projeção e evolução até o aperfeiçoamento do Universo de formas concretas.

O pensamento divino está corporificado neste poderoso Ser. Ele é o Senhor da Mente, a corporificação da Inteligência diretora do Universo "formal". Num sentido, ele é o Universo do pensamento, a Mente Única, e dele todas as outras mentes são partes, estando nele contidas e sendo dele expressões. A força deste Ser é da Vontade Universal expressa como pensamento, ou *Fohat-Ātmā-Manas*.[88]

O Elemento Ígneo

O terceiro Sephira é a mais íntima Alma do quinto, que é seu Poder manifestado. O fogo é o seu elemento. O terceiro Sephira é como o intenso calor branco, o quinto é como sua radiação flamígera. Atualmente não existe nem calor nem chama acima do mundo físico. As massas quentes e as labaredas provocadas fisicamente pela combustão de determinados elementos não possuem contrapartes superfísicas. Não há queima superfísica de substância com a consequente mudança de forma. Fogo e chama físicos são as contrapartes mais densas de um sutil elemento universal, cuja inteligência, poder e atividade são os do terceiro e quinto Sephiras. Isto é um mistério, e mais não se pode dizer aqui, exceto que a chama física é uma manifestação temporária e local da Presença deífica, e mais particularmente do terceiro e quinto Aspectos da Emanação da Divindade. Cada Aspecto divino é exteriormente manifestado como um Ser, uma Inteligência cuja natureza integral está além da compreensão humana, salvo em estados de elevada contemplação, quando a Imanência divina é percebida e a Transcendência divina intuitivamente discernida.

O fogo da terra é, pois, uma expressão da Inteligência divina, uma manifestação localizada da Mente Universal; é um dos quatro modos de manifestação no Plano Físico, que constitui a "alma" eletromagnética da substância física. A configuração linguiforme, algo cônica, de uma chama, é simbólica deste terceiro Aspecto da Divindade, pois em seção vertical é

---

[88] *Fohat-Ātmā-Manas*, Eletricidade-Vontade-Pensamento, Criadores Cósmicos.

triangular. O triângulo é a "forma" arquetípica do elemento ígneo, e, portanto, do terceiro Sephira.

O quinto Sephira transfere o Aspecto Fogo da Divindade para o mundo formal, onde no homem esse Aspecto se torna mentalmente manifesto como poder mental, emocionalmente como desejo e fisicamente como calor. Em todas as variadas expressões do Aspecto Fogo na Natureza e no homem, o quinto Sephira está intimamente incluído como o Ser animador, a Mente da Natureza.

O processo de combustão física que produz as impressões de fogo, chama e calor nos sentidos e mente do homem, excita à hiperatividade o número superfísico do fogo, o Aspecto Fogo da Divindade, preponderante no quinto Sephira. Este animador princípio ígneo da Natureza encontra sua maior corporificação naquele Ser e em seu irmão, o terceiro Sephira, que é o número do número, a alma da alma, do fogo físico.

O quinto Sephira, por sua vez, compõe-se e manifesta-se como inumeráveis Deuses do Fogo, Arcanjos, anjos e espíritos da Natureza. Esta vasta Hoste está em perpétua atividade criadora, continuamente ocupada na transferência do fogo *fohático*, a ígnea força criadora cósmica, desde sua fonte primordial e através dos cinco planos da presente manifestação.

O fogo de *Fohat* é o agente pelo qual a matéria "virgem" se torna responsiva e reprodutiva dos produtos arquetípicos da Ideação divina. O fogo cósmico, que não é chama ardente nem calor, mas uma forma de energia elétrica, é o meio impregnador por cuja ação a Substância raiz produz Universos e tudo o que eles contêm. A natureza e a forma desses produtos são determinadas por uma combinação de lei numérica e Pensamento divino. Fogo cósmico e mente cósmica estão, portanto, intimamente relacionados durante todo o *Manvantara*. Nenhuma forma pode vir à existência fenomenal sem a ação combinada de ambos.

No nível físico, a incandescência e a chama constituem uma liberação, e, portanto, uma expressão, da ígnea mente criadora. O grau de liberação depende da quantidade do material em que a incandescência é fisicamente produzida. A extensão da expressão do fogo *fohático* e dos quinto e terceiro Sephiras e suas Hostes é também determinada pelo tamanho do fogo e pelo grau de incandescência.

Quando se acende um fogo ou palito de fósforo, e se reduz a cinzas a substância inflamável, ocorre uma liberação, no plano físico, do fogo criador manifestado superfisicamente. É esta liberação que age como um excitante para os ígneos espíritos da Natureza, sob o qual eles se divertem e rebolam exultantemente na manifestação física de seu elemento.

A fim de que o fogo e mente cósmicos conjugados possam criar formas físicas, os outros quatro elementos – terra, água, ar e éter, como elementos e potências sutis – precisam também estar presentes, completando assim os cinco elementos essenciais à produção de formas naturais. No fogo físico, o elemento sutil do fogo prepondera excessivamente e está quase que exclusivamente ativo. O resultado inevitável é a destruição da forma e não a sua produção.

Capítulo III

Vida e Forma

O Sexto Sephira

A força e a Vida conjugadas do Sistema Solar, manifestadas como o segundo Sephira, o Senhor Solar da Sabedoria, e todos os seus "filhos", encontram expressão como o Princípio Vital dos mundos materiais. A Vida Una da Natureza, embora pareça discreta quando concebida e vista de baixo, é um veículo coordenado para uma Inteligência, que é o sexto Sephira. Assim como o segundo Sephira dirige as correntes vitalizadoras da energia solar nos níveis superiores, assim também o sexto serve como uma expressão da Vida Una nos níveis inferiores, inclusive o mundo físico.

O oceano da Vida Una tem suas praias, que são o Universo físico, contra as quais suas ondas batem continuamente, em rítmica cadência. Assim como uma praia fica mais e mais saturada com as marés cheias, assim é a matéria física paulatinamente saturada pelo fluido vitalizador, que é a Vida Una. Para a substância física, evolução implica um aumento em seu conteúdo vital, uma saturação mais plena com a Vida Una, que lhe é continuamente transmitida pelos segundo e sexto Sephiras.

A primeira substância física sólida criada é relativamente inerte. No início, o seu conteúdo vital é muito pouco. À medida que a evolução progride, a matéria gradualmente se torna cada vez mais vitalizada; os átomos componentes transmitem e contêm maiores proporções de Vida-Espírito. Depois se combinam mais prontamente em formas que por sua vez se tornam proporcionalmente mais responsivas ao pensamento. Metaforicamente, à medida que a maré sobe, aumenta o grau de saturação. As marés altas representam as mais completas manifestações físicas atingidas em qualquer ciclo criador pela Vida-Espírito e suas corporificações – o primeiro e o sexto Sephiras. O ponto de saturação é alcançado quando a substância física se torna muitíssimo responsiva ao pensamento e muitíssimo modelável por ele. Daí por diante, a Mente Una, como terceiro e quinto Sephiras, encontra em cada espécie de substância física um meio altamente plástico em que modelar os conceitos e produtos da Ideação Divina. A Natureza toda então exibe a mais perfeita adaptação ao Pensamento universal, seja manifestado como Hostes Sephirotais, seja individualizado como homem.

Tal é, em parte, o "trabalho" do sexto Sephira e suas respectivas Hostes, desde os Arcanjos do fluido vital solar até os espíritos da Natureza, habitantes e corporificações do elemento aquático mais sutil. Em termos mais simples, estes seres servem de condutores de *Fohat*, em todo o Universo físico, o "sangue-vital" da Natureza Mãe, pelo qual ela se sustenta e pelo qual nutre seus filhos.

Ondinas e Silfos – Emanações do Sexto Sephira

Inumeráveis "artérias" e "veias" transportam através do Universo, do Sol aos planetas e destes de volta ao Sol, a eletricidade vital, que é o sangue-vital. O Sol é o "coração", e o Universo o "corpo". Os Arcanjos são os "transformadores" e "transmissores" interplanetários. Os anjos são "receptores" e "transmissores" planetários, e os espíritos da Natureza são os últimos receptáculos superfísicos da carga. Elas contêm esta o mais que podem, e depois a libertam ou descarregam na contraparte etérica da Natureza. Dali, a "praia" física ou "areia" molecular a absorve, e toda a Natureza é assim vitalizada e toda a substância tornada maleável. A Eterna Oblação está cumprida.

As ondinas e silfos sentem prazer intenso quando executam suas funções de receptáculos e escoadouros de vida solar[89]. Ficam em estado do êxtase ao executar até o limite de sua capacidade as três funções de absorção de força vital, sua retenção e compressão, e a sua descarga nas imediações. Esta é a sua vida, este o seu "trabalho", que, com todos os espíritos

---

[89] Vide também Parte II, Capítulo IV, p. 108.

da Natureza, constitui para eles apenas um contínuo divertimento, e ainda que o ignorem, o resultado é o progresso evolucionário. Para aumentar sua alegria na participação dos processos da Natureza, procuram continuamente ampliar o mais possível a sua capacidade de absorver e reter a carga vital. A alta compressão resultante produz uma descarga crescentemente mais poderosa, e, portanto, mais produtora de alegria.

Mede-se a estatura evolutiva de todas as Hostes Sephirotais pela sua capacidade de absorver, conter e comprimir. Como do alvorecer ao anoitecer do *Manvantara* elas estão assim ocupadas, aumenta constantemente a sua habilidade para exercer estas três funções. Para elas, este é o método da progressão evolucionária, marcada tanto pela crescente estatura do corpo como pela extensão da aura.

O espírito da Natureza, por exemplo, quando recém-emanado de seus anjos progenitores, mede apenas uma ou duas polegadas nos diâmetros horizontal e vertical de sua aura. A prática contínua, através de vastas idades, da absorção, retenção e descarga da vida elétrica do Sol, aumenta constantemente o tamanho tanto da aura esférica como da forma interna, antes diminuta, mas sempre bela.

O Universo Visível

O sétimo Sephira é o Senhor de toda a Natureza, a qual é a sua vestimenta física. É imanente em toda veste física, sendo cada átomo criado e sustentado pelo poder de que o Sephira e o Universo são a corporificação e manifestação.

Fohat é o criador. A mente é o planejador. A matéria é o meio em que o Espírito criador modela o Universo externo. Em toda a Natureza, nenhuma forma, desde o átomo até o planeta similarmente rodopiante, vem à existência a não ser como o resultado da Atividade criadora do fogo de *Fohat*, da mente modeladora do Espírito e dos atributos respectivos, responsivos e produtivos da matéria. Pois esta é a Trindade eterna e criadora; é Deus, o Pai, Filho e Mãe.

O Universo é sétuplo. Assim também devem ser e o são tanto a potência ativa como a ação do triplo Deus. Por intermédio das sete Emanações, cada uma sendo produto da combinação dos três Aspectos supernos, o *Logos* "cria" as sete densidades que a Substância primordial assume pela ação e influência *Foháticas*. O sétimo destes Poderes, o sétimo Sephira, é um poderoso Representante do *Logos* no nível da densidade do elemento terra, e manifesta-se aos sentidos do homem como uma substância física constituída de átomos. Coordenação é o poder predominante deste Sephira, e a construção e manutenção das formas físicas durante seus respectivos períodos cíclicos são a atividade preponderante do mesmo. Esta tarefa de construção e preservação é realizada do interior das correntes vitais de átomos e das formas em que são construídas. Pois ali é o santuário da Presença deífica.

A Imanência de Deus, Sua Presença habitando toda a Natureza física, manifesta-se como poder, vida e consciência do sétimo Sephira. A Transcendência de Deus se expressa pelos restantes Seis, cada um dos quais é o *Logos* transcendente do plano imediatamente inferior ao seu. Acima dos Sete há os três que constituem a Suprema Trindade do Universo. Imanente nestes Três, e também transcendente acima deles está aquele incompreensível Solitário Ser, que é a primeira emanação do Absoluto. Dentro d'AQUELE residem todas as potências. D'AQUELE emanam toda a Ideação, poder e vida. Por AQUELE todos os mundos são criados e mantidos. ÀQUELE, no devido tempo, segundo a lei numérica, tudo retorna.

Este Solitário Ser é a Suprema Transcendência, o Móbil Primordial "sobre a superfície"– realmente no interior – do Espaço pré-cósmico. O primeiro "movimento" põe em marcha todos os processos criadores, que continuam por todo o *Manvantara*, tal qual um pêndulo que posto em oscilação por um simples impulso continua a oscilar. Mas a medida de sua oscilação e a duração de sua continuidade dependem da intensidade do impulso inicial e dos ditames da lei numérica. Assim como o agente que comunica ao pêndulo a primeira oscilação, não mais aciona, assim também AQUELE que comunica o primeiro impulso criador à Substância pré-cósmica não mais age diretamente no Cosmos resultante. AQUELE permanece, transcendente e solitário. Contudo, d'AQUELE nasce toda a criação; por AQUELE toda a Criação se movimenta e vive; n' AQUELE tudo está contido; ÀQUELE tudo retoma; pois, em termos de Cosmos exterior, AQUELE é infinito e eterno.

O sétimo Sephira e suas hostes são os recipientes e manifestantes mais exteriores daquele impulso criador comunicado pelo Ser Solitário. Representam o limite extremo da oscilação do pêndulo. A Ideação divina é o núcleo do ser do sétimo Sephira que é a combinação Mente-Espírito encarnados. De acordo com a imagem arquetípica existente dentro do Pensamento divino, o sétimo Sephira modela a Natureza física. Neste processo, está envolvido o décuplo conjunto dos *Sephiroth*. Todos os Sephiras convergem e se sintetizam no sétimo e na sua atividade produtora de formas. O Ser Solitário, os Sagrados Nove e a Lei Universal conseguem produzir esta última maravilha do Cosmos, que é a Ideação divina fisicamente modelada, o Universo material. O sétimo Sephira, que é o décimo se forem incluídos os Três Supremos, é uma síntese de tudo, como também sua veste exterior, o mundo natural; pois o conjunto dos Poderes combinados está contido dentro do átomo, da molécula e da forma do Plano Físico.

O Arquétipo

As variadas formas da Natureza têm sua origem na Mente Universal, que é a terceira expressão do Ser manifestado, como a Vontade e a Vida são a primeira e a segunda. A ideia de cada forma desponta espontaneamente na Mente Universal, como uma manifestação sob a lei numérica daquela porção da Ideação Cósmica que tem de se expressar num só Universo. Na origem e "semente" todas as formas são uma. Essa forma única pode ser mentalmente – e portanto imperfeita e incompletamente – concebida como um ponto dentro da esfera. A esfera é o ovo. Destes dois – o centro criador e a região circunscrita – o Universo se desenvolve.

A multiplicidade de formas procede do germe único ou Arquétipo, à proporção que a Vontade criadora e a Vida se movem do centro para dentro do campo. As potencialidades contidas no germe começam então a atualizar-se. As combinações e as permutações latentes dos diversos componentes do germe, cada qual expressivo da Ideação universal, tornam-se influências operativas à medida que o Pensamento divino procura expressão externa como forma.

O "imóvel" pensamento do Universo é, em essência, único; seu pensamento ativo é múltiplo. O Arquétipo eterno, imutável, conquanto contenha a potencialidade de todas as formas, é em si uma singela "criação" ou projeção da Ideação divina. À medida que suas energias vibratórias ou "acordes" incidem sobre a matéria externa envolvente, surgem então as formas mentais. Estas formas são gradualmente densificadas e ao mesmo tempo diversificadas. No nível físico, atingem o máximo de densidade e diversidade. Ali a Natureza ostenta a sua maior variedade à proporção que, pensamento após pensamento, se torna manifesta a Mente divina. Assim o Único se torna o múltiplo, que nasce de dentro do Único.

As Fadas Construtoras de Formas

Os derradeiros modeladores de formas são os espíritos da Natureza do elemento terra – os gnomos e os duendes – auxiliados pelos do ar – fadas e silfos. Inconscientemente eles auxiliam o Pensamento Universal planejador, atuando nos campos da energia gerada pelo impacto da força criadora como "som" sobre a matéria responsiva e fecundada. Este estabelecimento de campos de energia de variados desenhos geométricos não ocorre na substância densa, mas no éter, que é tanto o molde como a matriz de todas as formas, o ventre da Natureza Mãe. Estes espíritos da Natureza sentem alegria em mover-se, dançar e voar ao longo das linhas de força dentro dos campos. Este movimento de fadas acentua estas linhas do éter, como o faz um lápis ao riscar repetidamente uma folha de papel.

Todos os elementos se encontram no nível físico. Todos os espíritos da Natureza participam do jogo e movimentos ao longo das linhas de força, salvo os do fogo, que estão associados às correntes de energia criadora, pelas quais os campos de força são criados. Gnomos e duendes, fadas e silfos inconscientemente desempenham o seu papel na lenta produção das formas da Natureza na matéria etérica e sólida. As hostes aéreas iniciam o trabalho. Os gnomos, os duendes e congêneres no interior da terra modelam por último as formas mais densas, puramente sólidas.

O segredo destes operários no mineral, metal, nas pedras preciosas e formas orgânicas pertence à própria Natureza e, diz-se, não pode ser revelado ao homem fora de seus Santuários, e ali apenas àqueles que, em primeiro lugar, espontaneamente se ofereceram à Deusa como cooperadores em suas "pedreiras", sem pensamento ou esperança de recompensa. O aprendiz do mestre-construtor aprende, muito gradativamente e por experiência, estes segredos taumatúrgicos da criação de formas pelo Pensamento-Vontade em cooperação com as Hostes Sephirotais. Tanto quanto os segredos do sucesso em qualquer arte, eles não podem ser comunicados somente por palavras. Têm de ser descobertos ou nascer na mente do artífice à medida que este experimenta.

Os pequenos obreiros estão em toda a parte e em incessante atividade. Nenhuma forma, por mínima que seja, aparece sem estar associada a um construtor de formas, em quem nunca pode surgir um pensamento individualista. A individualidade não faz parte deles. Intimamente movidos pela ação do Pensamento Universal, que é a sua Fonte Materna, e o do seu superior sephirotal, sua vida é a de livre-pensamento, interna espontaneidade e com as correntes de energia criadora fluindo através deles e de seu elemento sutil.

Capítulo IV

A Árvore Sephirotal

A Cabala tem sido descrita de várias maneiras como uma tradição não escrita ou oral, como a doutrina esotérica da religião judaica e como a Sabedoria oculta ou Teosofia dos Rabis Hebreus da Idade Média, que a obtiveram das mais antigas doutrinas secretas concernentes a verdades divinas e à cosmogonia.

A palavra hebraica *Kabbalah* deriva da raiz QBL, "receber". O seu significado inclui a prática de transmitir os conhecimentos esotéricos pela palavra falada. Ao ser examinada, a Cabala prova ser um sistema de Teosofia que proclama ser de origem celestial, e ter chegado aos primitivos patriarcas hebreus através do ministério dos anjos. O rei Davi e o rei Salomão diz-se terem sido iniciados na Cabala, e o Rabi Simeon Bem Jochai ousadamente deu os passos no sentido de escrever parte dos ensinamentos na época da destruição do segundo Templo. Seu filho, Rabi e Eleazar, seu secretário e seus discípulos reuniram os seus tratados e deles compuseram o *Zohar*, que significa "Esplendor" e é a fonte literária do Cabalismo.

As Dez Ordens de Anjos

As Hostes Angélicas ocupam um lugar importante no esquema cosmogônico da Cabala. Dez ordens estão associadas com os dez Sephiras, os quais constituem a cabalística árvore da Vida. São considerados Emanações da Deidade, representando cada Sephira um número ou grupo de ideias elevadas, títulos e atributos, e uma hierarquia de seres espirituais à parte da humanidade. Cada Sephira tem uma quádrupla natureza para a sua associação com cada um dos quatro mundos cabalistas. Estes são: "Atziluth", o Mundo Arquetípico ou Mundo das Emanações, o Mundo Divino; "Briah", o Mundo da Criação, também chamado Khorsis, o Mundo dos Tronos; "Yetzirah", o Mundo da Formação e dos Anjos; "Assiah", o Mundo da Ação, o Mundo da Matéria.

Em Atziluth, os Sephiras manifestam-se sob dez aspectos diferentes, representados pelos dez santos nomes de Deus nas Escrituras hebraicas. Em Briah, os Sephiras manifestam-se através dos dez Arcanjos. Em Yetzirah, manifestam-se através dos Coros ou Hostes de Anjos. Em Assiah, e especialmente no Plano Físico, estão associados com os planetas físicos e os elementos sutis de que se diz serem compostos. Por correspondência estão também associados com os *chakras* no duplo etérico do homem e seus correspondentes plexos glandulares e nervosos.

Os Sephiras também são representados por círculos. Como disse Próculo: "Antes dos números matemáticos, há os números semoventes; antes dos algarismos, as figuras vitais, e antes da produção dos mundos materiais que se movem num círculo, o Poder Criador produziu os círculos invisíveis"[90]. À frente de cada hierarquia de Inteligências Espirituais está um Arcanjo determinado, ao qual estão subordinadas gradações de anjos que executam importantes funções na emanação, formação, preservação e transformação de um Universo.

A religião cristã, que contém muito do pensamento cabalístico, ensina que há nove ordens de anjos, diversamente chamados Anjos, Arcanjos, Tronos, Dominações, Principados, Virtudes, Potestades, Querubins e Serafins. Certas qualidades e atividades são assinaladas a cada uma destas Ordens. Anjos e Arcanjos são enviados como mensageiros em assuntos de alta importância, como o foram Gabriel e Rafael. Tronos contemplam a glória e a equidade do julgamento divino e ensinam os homens a governar com justiça. Supõe-se que as Dominações regulam as atividades e os deveres dos anjos. Os Principados presidem os povos e as províncias e servem como governadores angélicos das nações do mundo. As Virtudes têm o dom de operar milagres. As Potestades são um entrave aos espíritos malignos. Os Querubins primam em esplendor de conhecimentos e assim iluminam a humanidade com a sabedoria. E os Serafins, sendo os mais ardentes no amor divino, inspiram essa qualidade à humanidade. Quase

---
[90] Citado em *A Doutrina Secreta*, H.P. Blavatsky, Vol. IV.

todos os relatos bíblicos das visões humanas de Deus O descrevem como transcendente em glória e rodeado por incontáveis multidões de Seus anjos.

O Cabalismo, embora lhes dando denominações diferentes, atribui a esses seres o seu devido lugar e certas funções adicionais. Em comum com outras cosmogonias, postula a existência de um Absoluto como base de todas as coisas. Este é encarado como existência negativa ou o nada, e tem sido descrito como um ilimitado abismo de glória. Esta existência negativa tem três véus denominados AIN, significando o negativamente existente; AIN SOPH, o ilimitado, sem forma, ser ou semelhança com algo mais, e o AIN SOPH AUR, a luz ilimitada que se concentra no primeiro e mais elevado Sephira da Árvore Sephirotal, chamado Kether, a Coroa. As nove[91] letras AIN SOPH AUR diz-se simbolizar os nove Sephiras como ideias ou pensamentos-semente ocultos, os quais, quando a manifestação começa, são representados por Seres arcangélicos ou Deuses. Na descrição deste processo, diz-se concentrar-se em um centro o Oceano Ilimitado de Luz, que é o primeiro Sephira, a Coroa, que por sua vez dá nascimento aos outros nove, sendo o último ou chamado décimo poder Malkuth, o Reino, significando "toda a Natureza manifestada". Reunidos, os dez Sephiras representam a emanação e o desenvolvimento das forças e dos atributos da Deidade. Cada número é um símbolo externo das forças e dos processos internos criadores e suas personificações como Arcanjos ou Construtores do Universo. Alguns destes são masculinos e outros femininos, ou melhor, de potências positivas e negativas, tendo a Deidade se condicionado assim a fim de criar. O homem, sendo feito à imagem da Deidade, é também masculino e feminino.

Kether

O primeiro Sephira é o Número Um, a Mônada de Pitágoras. Como já disse, este Sephira é denominado Kether, a Coroa, e também o Ancião dos Anciães, o Ancião dos Dias, o Ponto Primordial, o de Cabeça Branca, a Inescrutável Eminência, e o Vasto Semblante ou Macroposopo. Em seus aspecto mais elevado

---

[91] PH (como em SOPH) = P no alfabeto hebreu.

e abstrato está associado com Adão Kadmon (O Homem Celeste) – um nome coletivo – que é uma síntese de toda a Árvore Sephirotal, o Arquétipo de toda a criação e de toda a humanidade, e o primeiro Adão do Gênese. É também chamado *Seir Anpin*, "Filho do Pai Oculto", e assim neste mais elevado aspecto pode ser considerado como o *Logos*, o Cristo do Quarto Evangelho.

Desde que não se pode criar sozinho, diz-se que Kether vibra através do campo de manifestação, ou reflete-se na matéria para produzir o gênero feminino ou uma díade, da qual por sua vez emanam toda a criação e todos os seres, contidos até então dentro de Kether. O Arcanjo Chefe da hierarquia de anjos associados é diversamente denominado Metatron, o Príncipe das Faces, ou "junto (ou além) do Trono", o Anjo da Presença, o Príncipe do Mundo, El Shaddai, o Onipotente e Todo-Poderoso, o Mensageiro de Shekinah, também associado à nuvem de glória que permanecia no Propiciatório sobre a Arca da Aliança[92], dentro do Santuário. Shekinah também é considerado idêntico a AIN SOPH AUR, o véu do AIN SOPH, a Substância pré-cósmica ou Espaço Virgem, a *Mūlaprakriti* ou raiz *Parabráhmica* do Hinduísmo.

A Ordem de Anjos é Chaioth Ha-Qadesh, "Santas Criaturas Viventes". Estão associados aos Querubins; são pintados como esfinges e encarados como Governadores dos quatro elementos em sua mais elevada sublimação. Parecem corresponder aos *Lipikas*, os Arquivistas Celestiais ou "Escribas", os Agentes do *Karma* do Hinduísmo. A hierarquia está relacionada com a iniciação dos movimentos giratórios por meio dos quais são formados os átomos primordiais ou "buracos no espaço", presumivelmente usando a força que em tibetano se chama *Fohat*, a essência da eletricidade cósmica, a sempre presente energia elétrica e o incessante poder formativo e destrutivo no Universo, a propulsionante energia vital universal, o *primum mobile*, cujo símbolo é a *suástica*. Diz-se então estarem em Kether os "começos dos giros", os primeiros estremecimentos da divina Essência criadora. Um dos principais deveres dos membros desta Hierarquia Angélica é receber esta Essência em Kether e conduzi-la à hierarquia imediata dos *Auphanim* ou "Rodas", associados com o segundo Sephira.

---

[92] *Êxodo*, XL, 35.

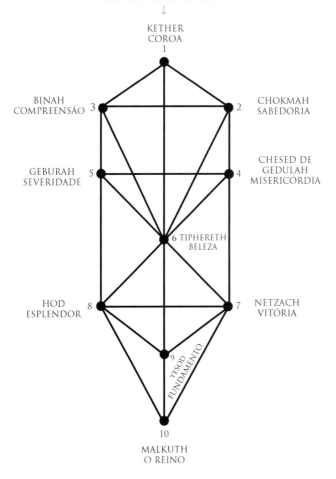

Chokmah

Kether produz os outros nove Sephiras; o segundo é Chokmah, Sabedoria, uma potência ativa masculina, ou Pai refletido de Kether. Chokmah é o segundo Adão, de que é produzida Eva, e está associado com Microposopo, o Semblante Menor. O Arcanjo Chefe da Hierarquia Angélica é Ratziel, "o Arauto da Deidade", o "Deleite de Deus". A Ordem de anjos é o Auphanim ou "Rodas", designação esta em referência ao vórtice, a ação do *primum mobile* produtor de remoinhos de vento ou água. Diz-se que desta Ordem provêm os Anjos dos Planetas, descritos no Primeiro Capítulo de Ezequiel. A correspondência planetária é com o Zodíaco e, em alguns sistemas, com Urano.

Binah

O terceiro Sephira é uma potência feminina, passiva, chamada Binah, Inteligência, a Compreensão, coigual e contemporânea de Chokmah, para quem ela é como Eva, a Mãe Suprema. Binah também é denominada Ama, Eterna, combinada com Ab, Pai, para a conservação do Universo em ordem. É às vezes denominada o Grande Mar e, cabalisticamente, estas duas Potências tecem a tela do Universo. O Arcanjo Chefe é Tzaphqiel, "Aquele que contempla Deus", ou "Contemplação de Deus". A ordem dos Anjos é a das Arelim, "Os Seres Poderosos", os Tronos da angelologia cristã. O número Dois como um princípio se assemelha a duas linhas retas que nunca podem encerrar um espaço, e, portanto, é impotente até o número Três formar um triângulo primário. Binah faz e torna evidente a ativa Trindade superna, mas não a material. Esta Trindade superior permanece no Mundo Arquetípico, enquanto que os Sete Sephiras que a seguem, criam, sustêm e transformam o Mundo material manifestado. O planeta associado a Binah é Saturno.

A união de Chokmah e Binah, Sabedoria e Compreensão, produz o Supremo Conhecimento, chamado Daath no Cabalismo. Daath, em si, não é considerado um Sephira, mas está incluído em alguns diagramas da Árvore Sephirotal, na qual está colocado entre Chokmah e Binah.

Chesed

Uma díade ativa existe agora em Chokmah e Binah, Sua união produziu Chesed, a potência masculina ou ativa. Chesed é Misericórdia ou Amor, e é também chamado Gedulah, Grandiosidade ou Magnificência. O Arcanjo Chefe é Tzadqiel, "Justiça de Deus", "Equidade de Deus". A Ordem de anjos são os *Chasmalim* ou "Chamas Cintilantes", ou "Seres Brilhantes". Eles constituem as Dominações da angelologia cristã e são encarados como anjos de luz. O planeta é Júpiter.

Geburah

Do quarto ou Chesed emanou a quinta potência, feminina, passiva, Geburah, a Severidade, Força, Coragem, Justiça. Este Sephira é também chamado Pachad, Medo. O Arcanjo Chefe é Khamael, "a Mão Direita de Deus", e é às vezes chamado Anjo Punidor. A Ordem de anjos são os Serafins, conhecidos na angelologia cristã como as Potestades. São assim descritas em Isaías VI: 1-3:

> "Eu vi também o Senhor sentado em um trono alto e elevado, e a sua comitiva enchia o templo."
> "Acima do templo permaneciam os serafins: cada um tinha seis asas; com um par ele tapava sua face, com um par ele cobria seus pés e um par voava."
> "E um bradava ao outro dizendo, Santo, santo, santo é o Senhor das Hostes: o mundo todo está cheio de sua glória."

O nome hebreu dos Serafins é traduzido "Serpentes", e como se relaciona com a raiz verbal ShRP, "consumir", pode-se presumir que estas são as ígneas Serpentes associadas com o fogo e os dos processos criadores, tanto na Natureza como no homem. O planeta é Marte.

Tiphereth

De Chesed (masculino) e Geburah (feminino) emanou o sexto e unificante Sephira, Thiphereth, Beleza ou Benignidade, o coração e centro da Árvore Sephirotal. Diz-se ser este o lugar concedido pelos israelitas ao Messias e pelos primitivos cristãos ao Cristo. O Arcanjo Chefe é Michael, que é "semelhante a Deus". A Ordem dos Anjos é a Malachim, significando "Reis" e conhecida no Cristianismo como Virtudes. Outro sistema coloca Rafael aqui, e Miguel no oitavo Sephira. O "planeta" é o Sol.

Em tempos de plano da Natureza e níveis de consciência humana normal, Tiphereth marca tanto um limite como um lugar de união entre o Divino e o humano, o Macrocosmo e o microcosmo, o Abstrato e o Concreto. Diz-se existir aqui, simbolicamente, Paroketh, o chamado Véu do templo tanto da Natureza de sete planos como do homem de sete princípios. Este Véu deve ser penetrado por aqueles que queiram ascender em Consciência pela coluna central da Árvore da Vida, libertando-se da ilusão puramente humana, de personalidade separada, a qual tem de ser "crucificada" e entrar na realização da unidade com o Grande Ser Uno de Todos. Portanto, as forças ocultas dos mundos abstratos ou sem forma e seus diretores angélicos podem ser invocados tanto para acessar a evolução humana pelo despertar das forças ocultas nos centros dinâmicos, pessoais, existentes no corpo do homem, como para auxiliar em várias modalidades de trabalhos ocultos.

Pela união de Geburah ou Severidade, Justiça, com Chesed ou Misericórdia, produzem-se Beleza, Harmonia, Clemência, e assim se completa a segunda Trindade Sephirotal. Este sexto Sephira, Tiphereth, com o quarto, quinto, sétimo, oitavo e nono, são mencionados como sendo o Microposopo ou o Semblante Menor, o reflexo da manifestação do Macroposopo, e a sua antítese.

Netzach

O sétimo Sephira é Netzach, Firmeza, Vitória. O Chefe Arcangélico é denominado Hamiel, "a Graça de Deus", e a Ordem de anjos são os Elohim, "os

Deuses", também chamados Tsarshisim, "Seres Brilhantes", conhecidos como Principados no Cristianismo. É Hamiel que se diz estar assim descrito no "*Livro de Daniel*", Cap. X: 5, 6.

> "Então, eu alcei meus olhos, olhei e observei um certo homem vestido de linho, cujos flancos estavam cobertos de fino ouro de Uphaz:
> "Seu corpo também era semelhante ao berilo, e seu rosto tinha aparência luminosa, e seus olhos como lâmpadas de fogo, e seus braços e pés assemelhavam-se na cor ao cobre polido, e o som de suas palavras parecia a voz de uma multidão."

O planeta associado a este Sephira é Vênus.

Hod

De Netzach procedeu a potência feminina, Hod, o oitavo Sephira, Esplendor, o Deus dos Exércitos. O Arcanjo Chefe é Rafael, o "Divino Médico", o Anjo da Cura, intermediário entre o homem e Deus, o qual é assistido por uma hierarquia de anjos ministrantes, conhecidos numa interpretação como os Beni Elohim, "os filhos de Deus", e como Arcanjos na Cristandade. O planeta é Mercúrio.

Yesod

Hod e Netzach juntos produziram o nono Sephira, Yesod, o Fundamento Básico, "o Poderoso Ser Vivente". O Arcanjo Chefe é Gabriel, "o Ser Poderoso de Deus". A Ordem de anjos é a dos Querubins, "as Santas Criaturas Viventes", os Anjos do Cristianismo. Evidentemente existe uma íntima conexão entre os Querubins do primeiro Sephira nos mundos superiores e os de Yesod na contraparte etérica e corpo do Universo externo, material. São às vezes chamados Aishim ou "as Chamas", e também referidos como os quatro anjos dos elementos sutis de terra, fogo, água e ar.

Os Querubins estão associados às constelações de Taurus, Léo, Escorpião e Aquário, ou o Touro, o Leão, a Águia e o Homem. Diz-se ser parte de seus deveres captar as forças da Natureza no Plano Astral e vertê-las no Reino da Terra, Malkuth, bem como controlá-las em todas as suas complexas manifestações. Também são encarados como agentes dos *Lipikas* ou Arquivistas, os Senhores do *Karma* e Regentes dos quatro quadrantes do Universo. O planeta é a Lua. Netzach, Hod e Yesod juntos completam a terceira Trindade na Árvore Sephirotal.

Malkuth

Do nono Sephira veio o décimo e último, completando a década dos números. É chamado Malkuth, o Reino da Terra, toda Natureza, e também a Rainha, a Matrona, a Mãe Inferior. Malkuth é às vezes chamado Shekinah, e assim poderia representar o véu tanto da Matéria primordial como da Natureza física.

Dois Arcanjos estão associados com Malkuth. São eles o Metraton de Kether e seu irmão e colaborador Sandalphon, o Príncipe Cabalístico dos Anjos. Sandalphon, o Anjo Negro, pode ser encarado como o *shakti* densamente material, ou o poder de Metraton, o Anjo Brilhante. Desde que o Plano Físico do planeta Terra é o lugar do aceleramento do *Karma* físico do homem, Sandalphon é amiúde considerado como o Anjo do *Karma* pessoal. Metraton, de outro lado, está associado com os Agentes Celestiais do *Karma*, que estão relacionados com o *Karma* da raça humana como um todo. O Arcanjo de nossa Terra, particularmente, diz-se ser Auriel, "a Luz de Deus". A Ordem de Anjos é a dos Ishim ou "Fogos". Nenhum simples planeta, a não ser a Terra, está atribuído a Malkuth, que obviamente inclui a totalidade da Natureza física e está relacionado com os quatro elementos sutis e materiais e seu emprego na construção e transformação do "reino" do Universo visível.

A Árvore da Vida no Homem

Tal é, em parte, a Árvore da Vida da Cabala, que, diz-se, derivou da primeva Doutrina Secreta do Oriente. É encarada como um dos principais símbolos e chaves da Ciência Oculta. Com o alfabeto hebraico, diz-se exemplificar o princípio de que a evolução é simples ou singela na fonte, mas infinitamente complexa na manifestação.

Este diagrama matemático mostra um sistema pelo qual o homem pode elevar-se a alturas espirituais, manifestando em si e através de si as qualidades dos dez Sephiras. À medida que ele acorda em si seus poderes inerentes, representados no Universo por cada um dos dez Sephiras, e em si mesmo, fisicamente, por seus plexos nervosos e glandulares, e superfisicamente por seus *chakras* e seu trino Fogo Serpentino, ele entra em relação consciente com as Ordens de anjos associados com cada *chakra*, e por último, com os seus Chefes Arcangélicos. Assim sintonizado, o homem colabora com eles e estes com ele, na execução da Magna Obra[93], à qual os anjos e os homens são convocados.

Com efeito, em cada homem existe, potencialmente, *Rashit Ha-Galgalim*, o *primum mobile*, o início dos movimentos giratórios de Kether; o *Masloth*, a esfera do Zodíaco, de Chokmah; o *Shabbathai* ou descanso, Saturno de Binah; o *Tzedeq*, a retidão, Júpiter de Chesed; o *Madim*, a força veemente, Marte de Geburah; o *Shemesh*, a luz solar, o Sol de Tiphereth; o *Nogah*, o esplendor cintilante, Vênus de Netzach; o *Kokab*, a luz estelar, Mercúrio de Hod; o *Levanah*, a chama lunar, a Lua de Yesod; o *Cholom Yesodoth*, o britador dos fundamentos, os elementos de Malkuth. Todos estes existem potencialmente no interior de cada homem, e através de toda a sua

---

[93] Expressão oriunda dos Antigos Mistérios, denotando o processo da criação, preservação e transformação até a perfeição do Universo e do homem. Microcosmicamente, é a emancipação da vontade humana, o desenvolvimento e domínio de todas as faculdades do homem e a transmutação de tudo que é grosseiro no que é puro. Na alquimia material, a Magna Obra inclui a separação: o sutil, do grosseiro, e a transmutação de metais vis em ouro. Misticamente, a Magna Obra consiste em uma correspondente conquista interior, pela qual se obtém a glória da luz espiritual e se dissipa para sempre toda a escuridão. Vide *Magia Transcendental*, de E. Levi, Cap. XII.

existência ele gradualmente desenvolve o padrão e a imagem completos da Deidade, que por último se torna manifesta nele. Então ele cumpre o seu destino, tal como o enunciou Nosso Senhor; "Sede vós, pois, perfeitos, como vosso Pai Celestial é perfeito"[94] e completa, no que lhe concerne, a Magna Obra.

---

[94] *Mateus* V, 48. RV.

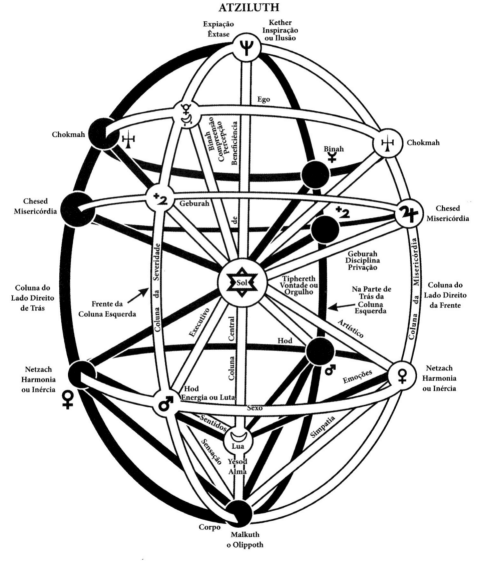

O Reino dos Deuses

A Árvore Áurica da Vida

No diagrama da Árvore Áurica da Vida se faz uma tentativa para representar graficamente a árvore microcósmica, tal como, presumivelmente, existe no homem. Este diagrama mostra as áreas nos corpos sutis, as quais vibram em uníssono com os Regentes dos planetas e os Signos Zodiacais, tendo cada um deles suas representações na natureza, aura e corpos físicos do homem, ligando desta forma o Macrocosmo ao microcosmo.

A coluna central do diagrama corresponde à medula espinhal, e a coluna feminina contendo Binah, Geburah e Hod estaria no lado direito, e no esquerdo a coluna masculina, contendo Chokmah, Chesed e Netzach. Estas três correntes de força podem também referir-se ao tríplice Fogo Serpentino criador na Natureza e no Homem, com as suas triplas correntes e seus canais chamados *Ida* (feminino), *Pingala* (masculino) e *Sushumnā* (neutro e espinhal).

Se as duas correntes de força representadas pelas duas colunas (brancas no diagrama) defronte à aura subirem até o topo, onde presumivelmente se cruzarão, então descerão por trás da aura (pretas no diagrama), em lados opostos, perfazendo quatro colunas ao todo, com a central no meio.

Atziluth

No Cabalismo prático, esotérico, estas forças, *chakras* e correspondências com as Inteligências Criadoras do Universo são postas em atividade consciente por meio de várias formas de meditação, invocações ritualísticas aos Deuses, que são citados por seus Nomes Divinos e outros títulos *mântricos*, cerimônias mágicas e preces muito potentes. Encerra-se este Capítulo com uma versão da antiga prece cabalística.

Deus Universal, Única Luz, Única Vida, Único Poder,
Tu, o Todo em Tudo, o além da expressão, o além da compreensão.
Ó Natureza ! Tu, o algo do Nada,
Tu, o Símbolo da Sabedoria:
Em mim nada sou,
Em Ti Eu sou Eu.
Eu vivo em Ti,
Vive Tu em mim,
E da região do eu conduze-me
À Luz eterna.

Amém.

OS DEZ SEPHIROTH

AIN - a existência negativa
AIN SOPH - o Ilimitado
AIN SOPH AUR - A Luz Ilimitada
ADÃO KADMON, O HOMEM CELESTE, O LOGOS

em quem os Dez Sephiroth estão sintetizados e de quem emanam.

NÚMERO NOME SIGNIFICAÇÃO	ORDEM DE ANJOS SIGNIFICANDO FUNÇÃO	ARCANJOS SIGNIFICANDO	CLASSIFI-CAÇÕES	PLANO PRINCÍPIO DO HOMEM PLANETA	FUNÇÃO DIVINA NOME E SIGNIFICADO	SEPHIRAS INVERSOS ORDENS - ARQUIDEMÔNIOS	
1- KETHER Coroa	QUERUBIM Santas Criaturas Viventes (4-Faces) *Lipikas Solares* Em Yetzirah	METRATON Anjos da Presença Verbo Príncipe Shekinah Em Briah	Positivo Yod de Tetra-grammaton Atziluth Macroposopos Arquetípica	ADI Chiah Primum Mobile	Emana Nove Sephiras Ebeieh (Eu sou) O Senhor que Pisca	Thamiel	Satã-Moloque
2- CHOKMAH Sabedoria	AUPHANIN Querubins Rodas	RATZIEL O Arauto da Divindade	Positivo Yod Briah O Trono Criador de Glória	*Anupadaka* Chiah Zodíaco	O Pai Jeová Existência como macho e fêmea	Chaigidel	Belzebulb-Deus das Moscas Deus do Escuro velho Sagrado Deus da Habitação
3- BINAH Inteligência	ARELIM Seres Poderosos Tronos	TZAPHQIEL Contemplação de Deus	Negativos Ele Briah	*Átma* Vontade Espiritual Nechamah Saturno	A Mãe Suprema Jehovah Elohim - Existência como Deuses	Satariel	Lucifugo
4 - CHESED Misericórdia	CHASMALIM Seres Brilhantes Dominações	TZADQIEL Justiça de Deus	Positivo Vau Yetzirah Microposopos	*Buddhi* Intuição Júpiter	El	Gamchicoth	Ashtaroth

5 - GEBURAH Força	SERAFIM Serpentes Ígneas Ardentes Potestades	KHAMAEL SAMAEL Severidade de Deus	Negativas Vau Tetzirah Microposopos	Mente Superior Corpo Causal e Ruach Marte ou Saturno	Elohim Gibor	Galah	Asmodeus O Espírito mau da Concuspiciência Ashmedar O Destrutor
6 - TIPHERET Beleza Clemência O Sol Espiritual	MALACHIN Reis Virtudes	MICHAEL Semelhante a Deus	Andrógino Vau Yetzirah Microposopos	Mente Média *Antahkarana* Ruach e Invólucro áurico Sol	Eloah Vadaeth	Tagaririm	Belphegor
7 - NETZACH Vitória	ELOHIM Deuses Tarshisin Seres Brilhantes Principados	HAMIEL Graça de Deus	Positivo Vau Yetzirah Microposopos	Astral Corpo Emocional e Ruach Vênus	O Deus Combativo Jeová Tzabaoth O Senhor de Sabaoth	Harab-Serapuel	Baal
8 - HOD Esplendor	BENI ELOHIM Filhos de Deuses Vento, Sopro, Seres Brilhantes Arcanjos	RAPHAEL Médico Divino	Negativo Vau Yetzirah Microposopos	Mente Inferior Corpo Mental e Ruach Mercúrio ou Marte	Elohim Tzabaoth	Samael Encarnação dos Vícios Humanos Morte - Satã	Adrammalech
9 - YESOD Fundamento	QUERUBIM Quatro Bestas Guardiães Anjos	GABRIEL Deus-Homem	Andrógino Vau Yetzirah Microposopos	Etérico Corpo Etérico e Nephesch *Prána e Kama* Lua	A Mãe Nutriz Shaddai El Chai O Jorrador	Gamaliel	Lilith - Primeira Mulher de Adão Noite Lâmia ou Demônio Feminino
10 - MALKUTH Reino O Universo Material KLIPOTH	ISHIM A Multidão dos Redimidos	Metatron (Segunda fase) Sandalphon Messias	Negativo Ele Asiah	Véu Físico de Nephesch Corpo Físico Quatro Elementos	A Mãe Inferior Noiva e Rainha de Microposopos Adonai Melekh Rei Senhor	Nahemoth	Nahema
	O Mundo das trevas e cascões, elementares, espíritos do mal, demônios						

O Reino dos Deuses - 179

Capítulo V

Os Sephiras Inversos e o Problema do Mal

Satã e Armageddon

Em Filosofia Oculta, Deidade é a Vida Eterna, manifestada em *Manvantara*[95], em forma segundo a lei numérica e imanifesta em *Pralaya*[96], em qualquer forma concebível pela mente humana. Num aspecto, Satã é a Substância Eterna, resistentemente modelada em forma pela Vida Una durante o *Manvantara*, e permanecendo amorfa durante o *Pralaya*.

Os Arcanjos e os anjos em suas dez Ordens tornam manifesta a Vida Eterna segundo o "Verbo". Em um dos seus muitos aspectos, os Sephiras inversos são expressões da Substância Eterna e de seu inerente espírito de resistência à Vida. Estes dois aspectos se reúnem no homem, cuja tarefa hercúlea consiste em pô-los em perfeito equilíbrio. Como Adepto, ele realiza isto em sua própria natureza. Como *Logos*, ele o estabelece em um Sistema Solar de sua própria emanação. Desde que o homem é o único ser em quem o espírito e a matéria estão igualmente presentes, ele se torna o campo de batalha do Universo. Armageddon é combatido em seu interior. O espírito nele sofre contínua "derrota" até o dia do desenvolvimento da Mente Superior. A partir dessa época, está assegurada a "derrota" da matéria. Quando a luz da intuição começa a brilhar dentro do homem, a vitória está em suas mãos. Como raça, ele estabelece então a fraternidade em seu lar planetário. Como indivíduo, ele "entra na corrente", tornando-se um Iniciado dos Mistérios Maiores, e mais tarde um Adepto[97].

---

[95] *Manvantara*, em sânscrito. Períodos de atividade do mundo, os dias de *Brahmā*, durante os quais o Universo aparece objetivamente.

[96] *Pralaya*, em sânscrito. Período de repouso, durante o qual o Universo existe no estado subjetivo.

[97] *O Aperfeiçoamento do Homem*, Annie Besant, Editora Teosófica, Brasília, 2013. (N.E.)

Como poderes manifestados, tanto o espírito como a matéria são setenários, e encontram expressão em e através dos sete princípios. Os da Divindade são as modificações na consciência Divina, das quais os sete estados de matéria são o produto material. Os sete princípios de Satã, no sentido oculto, são os sete planos de matéria e os seus sete subplanos. Na Filosofia Oculta não encontram lugar nem Satã como a personificação do mal, uma isolada corporificação da infâmia, nem Deus como um Governador moral, extracósmico, onipotente, infinito mas pessoal, cujas leis possam ser ab-rogadas ou modificadas por persuasão ou barganha pessoal, como é concebido na imaginação popular ou na mente teológica. Há verdade no conceito de um par de opostos cósmicos: espírito e matéria, atividade e inércia, construção e destruição, egotismo e totalismo, mas são uma ilusão as suas imagens humanizadas.

Não obstante, quase todas as religiões, em seus aspectos exotéricos, promulgaram a ideia de um Ser Maligno em perpétua oposição à Deidade Suprema. O Cristianismo popular não é exceção, embora, como no caso de muitas de suas doutrinas, a forma satânica tenha sido modificada no decorrer dos tempos. Dante descreveu o Diabo como um gigante de três cabeças, de cores vermelha, amarela e preta. Milton e Goethe o apresentaram como um homem do mundo, trágico e contudo heroico e mesmo razoável. Tem se feito também o Diabo vestido de uma só peça vermelha e ornado de chifre. Além destas imagens populares, há um conceito de Satã como um anjo caído, um espírito outrora puro, continuamente induzindo o homem ao pecado. Sendo o mal uma qualidade negativa, tão somente a falta do bem no homem, e Satã a corporificação desse mal, ele não pode ser encarado como um princípio positivo, existente. Mais propriamente, ele representa a ausência do bem, espaços vazios na tela onipresente do Universo, interstícios, talvez, na urdidura e trama em que o grande Tecelão perpetuamente tece, ou externamente manifesta, Ideias divinas.

A existência do Diabo e do mal está intimamente associada com o atributo do livre-arbítrio no ser humano. Dentro da estrutura da lei cósmica, e à parte da irresistível pressão evolucionária, o homem possui liberdade de pensar, planejar, falar e agir ou de acordo com o propósito da Natureza, ou contra ele. Quando, consciente ou inconscientemente, ele opera contra esse propósito, torna-se um antagonista do propósito cósmico; em consequência, gera para si experiência e condições de vida adversas e "más". Se persiste, tende a ser excluído e isolado das correntes da Força-Vida universal, um ser mais da morte que da vida. Alguns homens têm assim continuado a exercer sua liberdade de ação. Eles são os chamados magos negros, as Forças Negras, os seguidores do Caminho da Esquerda, os Senhores da Face Tenebrosa, os temíveis Irmãos da Sombra. Seu destino não é serem aniquilados, mas caírem na condição conhecida como *Avichi*, o "inerte", o polo oposto ao *Nirvāna*, para o qual se encaminham os Adeptos da Direita. Afinal, aqueles que se tornaram corporificações altamente desenvolvidas da autosseparatividade, em um ciclo posterior de manifestação reembarcam na jornada involucionária e evolucionária. O próprio Satã, se encarado como um ser real, pareceria ter exercido esta liberdade; pois em alguma época ele deve ter escolhido um caminho de motivo e ação individualistas e autosseparatistas.

Assim, num aspecto, Satã é uma personificação de *Ahamkāra*, o impulso autoativo que faz gerar a ilusão da autosseparatividade dentro da onipresente Vida-Espírito. Assim o mal e, como consequência, todas as aflições humanas, diz-se, brotam desta heresia da "separatividade". Em outro aspecto, o monstro fabuloso, que é o Satã da teologia popular, pode ser encarado como um escape, um bode expiatório, alguém a ser culpado pelos erros em que a humanidade incorre ao passar especialmente pelas fases emocionais e mentais de sua evolução.

A ação do Sephira Inverso, Belzebu, o "Deus das Moscas", o Príncipe dos Demônios[98], pode ser tomada como um exemplo do lugar concedido na Filosofia Oculta a algumas das Enumerações negras. Em geral, são vistas como personificações da resistência da matéria ao processo harmonizador a ser executado pela Natureza em e através de seu filho – o homem

---

[98] *Mateus* Cap. X, 25.

– antes do encerramento do *Maha-Manvantara*. Esta resistência não pode, em realidade, ser encarada como um mal, desde que sem ela não poderá haver desenvolvimento nem expressão de poderes latentes.

Assim como o escaravelho encerra o germe de sua vida numa bola de lama, assim, Belzebu, também chamado o Senhor dos Escaravelhos, amortalha as Mônadas humanas em veículos materiais. Havendo cumprido a sua função de encerramento, o escaravelho rola a bola de lama para um lugar ao sol e deixa-a à sua própria sorte e à influência do sol. Por fim o ovo parte-se e produz a larva que se transforma no escaravelho alado, por sua vez progenitor de outros ovos. Belzebu, no seu sentido esotérico, pode talvez ser encarado como a personificação daquele impulso que o escaravelho compartilha com toda a Natureza, de encerrar vida em formas, Mônadas em corpos, e de impulsioná-las em suas jornadas cíclicas, ou atá-las à roda dos ciclos maiores e menores. Provavelmente, por isso o escaravelho era considerado sagrado no Egito, pois, como inseto, ele habitualmente exibe um dos mais misteriosos poderes e atributos da Natureza.

Uma Ordem de Sephiras Inversos, possivelmente a segunda e terceira das Enumerações, são Inteligências que modelaram os corpos mental, emocional e físico-etérico das primeiras três Raças de Homens a habitar esta Terra, neste período mundial. Esses *Pitris*, como os chamam no Hinduísmo, também cumpriram a tarefa de "induzir" ou "atrair" os Egos-Mônadas daquelas raças aos corpos que eles lhes haviam construído. Desde que esta função de materialização parece má do ponto de vista do arco evolucionário, que ascende para a espiritualização, estas Inteligências são às vezes referidas como as Hierarquias Satânicas. Como foi dito na Parte V, "O Milagre do Nascimento e a Mãe do Mundo", ao investigar a descida de Egos humanos ao nascimento, tive provas de que uma função correspondente é ainda efetuada por membros das Hostes Angélicas para todos os seres humanos, no arco pré-natal ou descendente do ciclo de cada nascimento sucessivo, quando o Ego projeta um raio de seu poder, vida e consciência do reino da Inteligência Espiritual onde reside. Os membros de uma Ordem das Hostes Angélicas cooperam na construção dos corpos mental, emocional, físico-etérico, no seu mútuo ajustamento e em induzir-lhes a consciência humana.

Ainda que a função de amortalhamento, sepultamento e incorporação de certos Sephiras imponha limitações temporárias à vida interna, ela não pode ser realmente encarada como um mal. Tampouco, em verdade, podem ser encaradas como satânicas as Inteligências relacionadas com estes processos, porque a descida é essencial à ascensão, a temporária corporalização para o desenvolvimento de poderes latentes. Na religião egípcia, o Deus "Khepera ('aquele que gira') era o 'pai' dos Deuses e o criador de todas as coisas no céu e na terra... unigênito e autogerado. . . geralmente identificado com o sol nascente e o novo nascimento"[99].

No Cabalismo, os Sephiras Inversos são Enumerações opostas aos Sephiras Superiores. São personificações de funções aparentemente opostas àquelas que os Sephiras Superiores executam. Os primeiros estão no lado da matéria e os segundos no lado do espírito. Os primeiros acentuam a *Guna*[100] de *Tamas*, os segundos de *Rajas*. A coluna central, no diagrama da Árvore Sephirotal, representa, em um aspecto, o homem harmonizador, o balanceador, o corporificado princípio do equilíbrio. Sua tarefa no Universo é estabelecer e manter *Satva*.

O símbolo da involução, a espada flamígera, de lâmina curva, lembrando um clarão luminoso, está retratado na Árvore da Vida por uma linha desenhada desde Kether através de Chokmah, Binah, Chesed, Geburah, Tiphereth, Netzach, Hod e Yesod até atingir Malkuth. O caminho evolucionário, simbolizado pelo caduceu, a vara de Hermes, em um dos seus muitos significados, é obtido por duas linhas partindo de Malkuth, e cruzando com cada Sephira da coluna central.

---

[99] *The Gods of Egypt*, Budge.
[100] *Guna*, em sânscrito. As três divisões das qualidades inerentes à matéria diferenciada. *Rajas*, atividade e desejo; *Sattva*, equilíbrio e pura quiescência; *Tamas*, inércia, estagnação e decadência. Estas correspondem aos três aspectos das várias Trindades – *Brahmā*, *Vishnu* e *Shiva*, respectivamente.

Os Arquidemônios

Os Sephiras inversos, em suas dez graduações, correspondem assim à década dos Sephiroth, mas em razão inversa à proporção que a escuridão e impureza aumentam com a descida de cada grau[101]. Esta posição se torna evidente quando as funções dos Sephiras inversos são comparadas com as de seus correspondentes Sephiras Superiores. Os primeiros são também referidos como os Senhores das Forças Desequilibradas, às vezes associados com o "Rei que reinava no país de Edom, antes que ali reinasse qualquer outro rei sobre os filhos de Israel"[102]. Cabalisticamente estão ligados aos Qliphoth, que eram Inteligências ou *Pitris* ligados às fases mais profundas do processo de involução, ou saída, em que, antes de entrar no caminho de retorno, existiu durante algum tempo uma condição de desequilíbrio ou não equilíbrio entre espírito e matéria. Em termos de evolução humana, os reis do Edom referiam-se à primeira raça terrena de homens arquetípicos, espectrais, não físicos, "pré-adâmicos", que foram andróginos ou criados antes do equilíbrio dos sexos. O composto equilibrado de espírito e matéria, de positivo e negativo, masculino e feminino, apareceu depois da separação dos sexos, na posterior Terceira Raça-Raiz.

As Ordens de espíritos retrógrados e Arquidemônios correspondem aos anjos e Arcanjos, e são enumeradas por A. E. White em seu livro *The Doctrine and Literature of the Kabala*, como segue:

> "I — THAUMIEL, os duplos de Deus, diz-se serem bicéfalos, assim chamados porque pretendiam ser iguais à Suprema Coroa. Este é propriamente o título do *Sephira* adverso, correspondente a *Kether*. O córtex é CATHARIEL, segundo os suplementos de *Zohar*. Diz-se serem Satã e Moloch os arquidemônios, mas suas atribuições estão desesperadamente confusas em toda parte, parcialmente devido às obscuras classificações do *Zohar* e às contradições dos cabalistas posteriores.

---

[101] Vide *The Kabbalah Unveiled*, S. L. Mac Gregor Mathers, p. 30.
[102] Gênese XXXVI: 31.

"II — CHAIGIDIEL, um termo relacionado com a significação de placenta, ou, segundo outras autoridades, com a de obstrução, no sentido de um impedimento ao influxo celeste. Este *Sephira* adverso corresponde a *Chokmah*. Seus córtices são os OGHIEL ou GHOGIEL que se abrem às aparências ilusórias ou materiais em oposição às da realidade e sabedoria. Esta explanação é, por certo, muito posterior. Diz-se que o arquidemônio é ADÃO BELIAL, e ainda assim é Belzebu. Os Duques de Esau estão também relacionados com este número.

"III — SATHARIEL, o esconderijo de Deus, significando que este *Sephira* adverso, diferente de *Binah*, ou Inteligência, oculta o rosto da misericórdia. Nos Suplementos de *Zohar* é denominado SHEIRIEL, do corpo hirsuto de Esau. Os Duques de Esau referem-se a este número em vez da correspondência adversa de *Chokmah*, pelo mesmo trabalho. Diz-se que LUCIFUGE é o arquidemônio, mas obviamente, este não é um termo cabalístico; é conhecido, todavia, dos grimoires e alguns posteriores da igreja latina.

"IV — GAMCHICOTH ou GOG SHEKLAH, perturbador de todas as coisas, a correspondência adversa a *Chesed*. De acordo com os Suplementos Zoháricos, o córtex parece ser AZARIEL. O Arquidemônio é ASTAROTH, no ulterior Cabalismo.

"V – GOLAB, ou o que queima, no sentido de incendiarismo. Esta é a correspondência adversa de *Geburah* e a antítese dos Serafins ou Serpentes ígneas. O córtex é USIEL. O arquidemônio do Cabalismo posterior é ASMODEUS.

"VI – TOGARINI, altercadores, porque, segundo Isaac de Loria, esta correspondência adversa de *Tiphereth* peleja contra o supremo *Geburah*. Os córtices são chamados ZOMIEL e o arquidemônio é BELAHEGOR.

"VII – HARAB SERAP, corvo dispersador, referente à ideia de que este pássaro expulsa seu filhote, a correspondência adversa de *Netzach*. Os córtices são os THEUMIEL e o arquidemônio é BAAL CHANAN.

"VIII – SAMAEL, ou perturbação, correspondente a *HOD*, a Vitória superna. Os córtices são THEUNIEL segundo os Suplementos do *Zohar*, e ADRAMALEK é o nome assinalado ao arquidemônio pelos últimos escritores.

"IX – GAMALIEL, o obsceno, em correspondência adversa com *Jesod*, que significa a geração da ordem superior. OGIEL, que outras classificações atribuem à correspondência adversa de *Chesed*, parece ser o córtex mencionado nos Suplementos Zoháricos, e o arquidemônio é LILITH, segundo o último Cabalismo.

"X – LILITH[103] é, entretanto, segundo outra tabulação, a correspondência adversa de *Malkuth*, a que o Cabalismo posterior liga NAHEMA [104], o demônio da impureza". [105]

As Hierarquias Satânicas

As Sublimes Inteligências, *Dhyan Chohans*, os Arcanjos e anjos do Cabalismo, dirigem tanto o processo involucionário como o evolucionário, e asseguram o seu "triunfo". Os que auxiliam no arco descendente tendem a ser encarados, pelo homem, como satânicos; os ativos no arco ascendente são encarados como redentores. As alegorias nas escrituras os apresentam como antagonistas e o homem os considera, então, diabólicos e divinos, respectivamente. Em realidade, são poderes mutuamente equilibrados, trabalhando por objetivos temporariamente opostos.

O poeta irlandês, James Stephens, expressou com muita intuição este ensinamento profundamente oculto, em seu poema *The Fulness of Time* (A Plenitude do Tempo)[106].

"Num trono de ferro enferrujado
Além da mais remota estrela do espaço,
Eu vi Satã sentado, sozinho,
Velho e encovado era o seu rosto;
Porque seu trabalho fora feito,

---

[103] Segundo o *Zohar*, é uma ave de rapina, que chacina crianças.
[104] Um súcubo que gera espíritos e demônios mediante relação com o homem, diz o *Zohar*, que, depois, em várias partes, desenvolve esta ideia.
[105] *Op. cit.* p. 79-81.
[106] *Collected Poems*, James Stephens, McMillan and Co. Ltd., Londres, 1931.

E ele descansava na eternidade.
"E até ele, do Sol
Vieram seu pai e amigo,
Dizendo, – Agora que a obra está feita,
O antagonismo terminou –
E guiou Satã para o
Paraíso que Ele conhecia.

"Gabriel, sem carranca;
Uriel, sem lança;
Rafael desceu cantando,
Dando Boas-Vindas ao seu antigo par:
E sentaram ao lado dele
Aquele que havia sido crucificado."

A Natureza do Mal

À parte a pneumatologia, Satã, como a personificação e encarnação do puro mal, na Filosofia Oculta, não tem existência própria. O mal é apenas a ausência do bem. Existe somente para aqueles que se tornam suas vítimas. *Demon Deus inversus est.* O Diabo é a própria sombra que o homem vê quando dá as costas à luz. A Natureza não é boa nem má, e a manifestação segue unicamente a lei imutável e impessoal.

A existência e a experiência humana da dualidade de espírito e matéria, luz e trevas, movimento e inércia, expansão e contração, fazem o homem pensar nestes como o bem e o mal respectivamente. Se a resistência propicia um fulcro, é encarada então como um bem. Se frustra – como pela demasiado familiar "malícia do objeto" – ou prejudica o homem, é então um mal a seus olhos. A analogia do holofote ilustra parcialmente isto. Do lado de fora do raio de luz, por assim dizer, pressionando-o de todos os lados, estão as trevas. A luz e as trevas são percebidas como um par de opostos. Os efeitos do raio de luz cessam no limite de seu alcance. Ali começam as trevas. Dali em diante reinam as trevas. No momento em que a corrente é cortada, as trevas reinam em toda parte. Se a luz é boa, pode então o holofote ser classificado pelo homem como o bem e a escuridão como o mal. Mas o que é de fato aquela escuridão que o homem denomina como o mal? É a matéria não sujeita à luz. Trevas são a matéria não iluminada. O homem chama-a o mal, e para ele o Demônio personifica este estado.

Plotino em seu Tratado sobre *The Nature and Source of Evil (Natureza e Origem do Mal)*[107], traduzido por Stephen MacKenna e B. S. Page, diz:

> "O Mal segundo se lê em *Ancient Kind*, é a Matéria subjacente ainda não posta em Ordem pela Forma Ideal.
>
> "Dado que o Bem não é a única coisa existente, é inevitável que, pelo afastamento dele ou se se preferir a frase, pela contínua descida dele, ou desvio dele, deve produzir-se um Último algo após o qual nada mais pode ser produzido. Isto será o mal.
>
> "Tanto quanto necessariamente existe Algo depois do Primeiro, assim há necessariamente um Último: este Último é Matéria, a coisa que não tem em si nenhum resíduo de bem. Eis aqui a necessidade do mal."

A isso, embora corroborando, o ocultista, sem dúvida, acrescentará "segundo a mente e os valores do homem". Porque em sua existência essencial o espírito e a matéria não são nem morais, nem imorais, nem bons e nem maus. Existem como aparentes oposições; eis tudo. A Matéria parece resistir ao espírito. Mas assim faz o fulcro de uma alavanca, e contudo sem um fulcro impossível seria a ação da alavanca. Assim, à parte os valores e as experiências humanas, não existe o mal como uma criação real. A origem do mal está na mente do ser humano. Todas as coisas podem parecer boas ou más, segundo a experiência humana e o uso humano delas. Shakespeare traduziu este pensamento em suas palavras: "Não há nada bom nem mau; o pensamento é que o faz assim"[108].

---

[107] The Medici Society Ltd., Londres.
[108] *Hamlet*.

Parte IV
Cooperação

Capítulo I

O Cerimonial como um Meio de Cooperação entre Anjos e Homens

A Vida Subjacente

O ministério dos anjos, uma doutrina cardeal de muitas religiões, há muito tem sido uma realidade vivente para numerosas pessoas. Pesquisas ocultas apoiam a doutrina, revelando que, como parte desse ministério, certas Ordens de anjos estão presentes regularmente nos serviços[109] religiosos e certos outros cerimoniais. Porque, onde quer que sejam evocadas e dirigidas forças superfísicas, ou por meio do pensamento e vontade unicamente ou pelo uso de símbolos, sinais e palavras de poder, as apropriadas Ordens de anjos logo aparecem como os agentes naturais dessas forças. Sua função é tanto conservar e dirigir as forças geradas pela ação da ação cerimonial, prece e adoração, como servir de canais para as forças e bênçãos que descem, em resposta. Esta ministração é levada a efeito muito mais eficazmente quando reconhecida pelos ministrantes e congregação.

Dois outros aspectos do assunto são, entretanto, dignos de consideração. Sobre a vida evolucionante na Natureza, há o efeito dos Serviços da Igreja, tais como a Celebração da Santa Eucaristia e a participação no culto humano tanto dos espíritos da Natureza como das Hostes Angélicas. Entretanto, faz-se necessária uma digressão a fim de apresentar o ponto de vista

---

[109] Vide *The Science of Sacraments* e *The Hidden Side of Christian Festivals*, ambos do Rev. C. W. Leadbeater, e *O Lado Interno do Culto na Igreja*, de G. Hodson. Ed. Pensamento, São Paulo. (N.E.)

donde escrevo, relativamente à vida e consciência da Natureza. Sob certas condições de elevada consciência[110], a Vida divina, universal, subjacente, torna-se visível, embora a transferência de tal visão para a consciência cerebral e em palavras apresente muita dificuldade. Ao atingir este estado, vê-se a Vida Divina na Natureza como uma doirada força-Vida onipenetrante, incandescente, como um princípio animador em cada átomo de cada mundo. Desapareceram, então, as formas físicas. Estamos no interior e partícipes de um onipenetrante oceano de Vida áurea e incandescente, que consiste de miríades de pontos de luz, interligados por linhas de força, sendo o conjunto parte de uma teia viva[111], aparentemente infinita, de uma tela de inexcedível finura que penetra todos os seres, todas as coisas, todos os mundos. Nota-se que cada ponto é uma fonte de Vida, quase um sol, no meio do qual a Força-Vida jorra de uma fonte inesgotável. Destes centros, o áureo poder flui ao longo da grande tela, vitalizando toda a substância. Não existe matéria morta. Todos os seres e todas as coisas são vistas como repletas da Vida subjacente, ou Fogo de Deus.

Um inspirado poeta[112] descreveu com muita felicidade este estado de Consciência:

"Ei-las! O Céu e a Terra
estão incandescentes, brilhantes,
repletos daquela excelsa glória que és Tu.
Perdidos em sua luz,
cada fraqueza mortal está parada,
cada coração, em êxtase,
está arrebatado.

À luz desta visão, pareceria que a vida da Natureza é acelerada cada vez que se executam a Santa Eucaristia e certos outros rituais. O grau de

---

[110] Induzida pela contemplação de uma cena ou objeto de grande beleza, gozo de uma obra de arte, participação de um ato de adoração, ou meditação numa verdade espiritual.
[111] Vide *The Web of the Universe*, E. L. Gardner, Theosophical Publishing House, Londres.
[112] Rev. Scott Moncrieff. St. Alban Hymnal.

resposta varia em cada um dos reinos da Natureza e depende do desenvolvimento evolucionário. É relativamente apática no reino mineral, em que a consciência "dorme"; é maior na planta, em que a consciência "sonha"; é ainda maior no animal e nos espíritos da Natureza, cuja consciência "acorda", e nos seres autoconscientes, como anjos e homens, é a maior de todas. A cada celebração aumenta o poder de resposta de todos os cinco reinos, e esta ajuda na consecução da percepção mais elevada é parte da utilidade de todo Rito religioso válido.

Como ilustração, a Natureza pode ser comparada a uma planta que depende da luz solar para o seu crescimento e floração. Se, depois de muitos dias nublados, o sol aparece repentinamente em todo o seu esplendor, os processos vitais da planta são grandemente estimulados, como o demonstraram claramente as experiências de *Sir* Jagadish Chandra Rose, o grande cientista indiano. Se, além disso, a planta puder ser exposta ao sol, sem ser prejudicada, e puder receber direta e individualmente maior quantidade de luz solar, então o seu crescimento total seria correspondentemente estimulado. Pareceu-me que um aceleramento similar, porém espiritual, ocorre na Santa Comunhão, quando O Senhor Cristo, O Sol do Amor Divino, como também o Filho de Deus, em Sua própria Pessoa, aproxima-se de toda a Natureza e através dos Elementos Sagrados é recebido pelo homem.

A Santa Eucaristia

A minha compreensão deste significado mais amplo do culto na Igreja foi aprofundada pela observação da resposta da Natureza e a participação dos anjos nas Celebrações ao ar livre da Santa Eucaristia[113], em Java. O lugar escolhido da Igreja temporária, que era um jardim situado nas encostas

---

[113] Foi usada a liturgia da Igreja Católica Liberal; St. Albans Press, 30. Gordon St. Londres W. C. I. A descrição dada não deve ser encarada como uma apologia do Cristianismo, mas apenas como o registro de uma observação tentada de alguns efeitos superfísicos da Celebração da Santa Eucaristia. O teósofo faz estudos comparativos das religiões e nota que um determinado grupo de ideias, comum a todas as religiões do mundo, não é posse exclusiva de nenhuma delas.

da Montanha de Arjoena, permitiu uma esplêndida visão por uma extensa planície até o Monte Kawi e, remotamente distante, até o Monte Semeroe. Antes do início dos serviços, grande quantidade de espíritos da Natureza reuniam-se perto da Igreja, atraídos pelos preparativos e pela intenção com que eram realizados. Como era de esperar-se nesta encantadora terra de vegetação tropical luxuriante, fadas e espíritos das árvores predominavam neste agrupamento, enquanto que os grandes *devas* das montanhas participavam de suas posições, acima de seus respectivos picos. Além disso, alguns Deuses categorizados da terra, água, ar e fogo, como parece ser o caso em todas essas Celebrações, quando contribuem com o seu poder especial e nos Serviços dirigem a participação de seus subordinados e das forças de seus elementos. Isto é especialmente notado no *Offertorium*, em que toda a Natureza parece se unir ao homem na oferenda dos elementos e autossubmissão ao Senhor da Vida.

Como em toda parte, os anjos e os espíritos da Natureza participavam assim do culto humano, a Celebração em Java atingiu uma magnitude muito além de qualquer coisa visível no nível físico. No momento da Consagração, quando, como sempre, o Poder e a Presença do Senhor desciam em uma áurea radiação, com a Hóstia em seu coração, os anjos curvavam-se em reverência. Nas vizinhanças da Igreja, a Vida em toda a Natureza parecia cintilar mais brilhantemente. A consciência do mineral e das plantas parecia despertar-se e responder, quando a glória de Sua Presença brilhava do Altar ao serem pronunciadas as palavras verdadeiramente mágicas da Consagração. Os anjos uniram-se mentalmente com a congregação humana, na mais plena medida no *te adoremus* e *adeste fideles*, parecendo ser a sua participação mais ardente que a do homem, uma vez que a consciência humana está embotada pela encarnação. No *ite missa est*, como é costume, são liberadas sobre o mundo as forças espirituais geradas em toda a cerimônia, com os anjos acompanhando-as, em sua missão, espiritualmente. Os Deuses da Natureza e os espíritos da Natureza, tendo absorvido estas forças aceleradoras, as liberam depois nos aspectos da Natureza com os quais estavam associados de várias formas.

Assim, eternamente, através do Rito que Ele instituiu, e com a cooperação dos anjos e dos homens, o Senhor do Amor cumpre a Sua promessa de estar conosco "por todo o sempre e até o fim do Mundo". Internamente, Ele não necessita de nenhum ceremonial para cumprir esta promessa pois, em Sua mística reconciliação com os Eus Espirituais de toda a humanidade, verte sobre eles Sua aperfeiçoada e aceleradora Vida, Luz e Poder. Mesmo assim, a percepção em consciência de Seu pérpetuo Ministério reconciliador seria ajudada pela adoração coletiva em formas tidas como adequadas à elevação dos vários temperamentos.

Capítulo II

A Cooperação Angélica nas Religiões dos Maias, Hindus e Judeus

O Selo *Dévico*

Conquanto o cerimonial inteligentemente executado seja um dos mais eficazes meios de cooperação entre anjos e homens, ele não é de nenhum modo essencial. A mente humana é uma poderosa estação emissora e receptora. Quando reforçada por uma vontade potente, treinada na concentração e iluminada pelo reconhecimento intuitivo da unidade da vida, a mente se torna um instrumento extraordinariamente poderoso.

Quando o pensamento humano é fortemente dirigido a uma determinada Ordem de anjos, um sinal mental é expedido e recebido pelos membros daquela Ordem. Se o emissor atingiu certa universalidade de consciência e consequentemente seu motivo é inteiramente inegoísta, os anjos infalivelmente responderão. O homem pode então dirigir seu pensamento-força e mesmo entrar para o escolhido campo de trabalho, assegurado da cooperação angélica.

Esta atividade combinada pode constituir de ministrações e outras, tais como curas[114], inspiração, proteção ou auxílio espirituais para vencer fraquezas de caráter. Também se pode buscar colaboração no sentido de encontrar inspiração necessária na execução de trabalho altruísta. São os anjos poderosos aliados em tais ministrações, sendo capazes tanto de abrir os canais de inspiração entre a consciência superior e o cérebro, como telepaticamente de transmitir uma corrente de ideias luminosas às mentes receptivas.

---

[114] Vide material descritivo que acompanha as ilustrações 23, 24 e 25.

Tem-se verificado que a prática regular de invocar auxílio dos anjos produz uma mudança na aura humana. O elo formado é visível como uma área de luz brilhante, vibrando nas frequências características das auras dos anjos. Quando este selo dévico, como se chama, é vivificado pela ação cerimonial, ou só pelo pensamento e vontade, ele "transmite" um sinal nos comprimentos de onda da Ordem particular de anjos cujo auxílio está sendo invocado. Esta invocação é então "captada" pelos anjos correspondentes em termos de frequência vibratória. Uma vez obtida a sua atenção, estão imediatamente prontos para prestar assistência.

Embora a clarividência auxilie neste processo, ela também não é essencial. A prática regular, baseada no reconhecimento intuitivo da verdade destas ideias, rapidamente propiciará forte evidência, senão provas, da realidade e eficácia da cooperação entre anjos e homens. Tal cooperação, certamente, ocorre continuamente no reino do Eu Superior do homem, conquanto o eu inferior não perceba o fato.

Como já foi dito, cada uma das nações bem estabelecidas do mundo é presidida por um Governador angélico, que assiste à raça no cumprimento de seu destino. Estes grandes Arcanjos, "Tronos" na angelologia cristã, – inspiram a nação através do Ego ou SuperAlma, e seus líderes, por meio de seus Eus Superiores. Sob tais condições de inspiração angélica, um estadista se torna possuído de poderes então insuspeitados ne¹e. À medida que ele servir sua nação desinteressadamente, seu poder aumentará. Se interesses egoístas o cegarem em seu dever para com o Estado, a inspiração angélica e outras serão afastadas, e seu poder declinará, um fenômeno frequentemente observado na vida dos homens públicos. Ainda que tal cooperação seja sempre acessível e constantemente dada, a sua eficácia aumenta grandemente, quando iniciada e reconhecida pelo homem.

Os Deuses foram assim reconhecidos pelos homens dos dias áureos e sua ajuda era invocada. O fato de os antigos povos do Egito, Grécia, Assíria e Índia crerem neles, não deve, entretanto, ser tomado como prova de politeísmo. A existência de um Ser Supremo foi sempre reconhecida, sendo os Deuses encarados como manifestações subordinadas de aspectos e poderes do Ser Único. Estes seres não foram meras ficções da imaginação, nem apenas personificações de forças, leis e fenômenos naturais. Investigações ocultas revelam que alguns deles tiveram existência real e nada mais foram do que as Hostes Angélicas com as quais cooperaram conscientemente os povos daqueles dias, particularmente os Iniciados dos Santuários.

Os Deuses dos Maias

Registros interessantes de tal colaboração foram descobertos na América Central. De acordo com as pesquisas de Ricardo Mimenza Castillo de Yucatan, que por muitos anos se interessou por pesquisas dos Maias, este antigo povo praticava a cooperação entre anjos e homens. Aparentemente, supõe-se, cada departamento da vida era presidido por uma divindade apropriada. Eis uma lista delas, segundo se dá no *St. Louis Star*[115]:

> "Hunab-Ku, comparável a Zeus, deusa da medicina; Ixazahualoh, deusa da tecelagem; Ixchebelyax, deusa da pintura; Zuhuyakah, deusa da virgindade; Zitholontum, deus da medicina; Xocvitun, deus do canto; Akinzoc, deus da música; Pizlimtec, deus da poesia; Kukulcan, deus da guerra; Ahchuykak, os gêmeos do passado e dos atributos; Acate, deus do comércio; Mutulzec, deus das torturas; Chas, deus da agricultura; Tabai, deus da pesca; Kinichkakmo, deus do fogo; Ztab, deus do suicídio; Ekxhuah, deus dos viajantes, e aos quais são adicionadas as seguintes deidades tutelares: Kinch Ahan Habam, deus de Campeche; Chun caan, deus de T-ho; Kabul, deus de um lugar desconhecido, mas também a mão direita de Izamal; Kakupacat, deus do fogo, e Hun Ahau, também conhecido como Yum Kimil, deus do submundo.
>
> Para a própria pronúncia destes nomes, é preciso esclarecer que o "x" dos Maias e Astecas tinha o som de "ch" em português.
>
> "Seja acidentalmente ou por afinidade, muitos destes deuses Maias tiveram suas contrapartes na mitologia dos gregos. Por exemplo, o submundo maia era muito similar ao presidido por Plutão. Era um lugar envolto

---

[115] Lamento que a data da publicação esteja faltando em minhas notas originais, e que buscas posteriores nos dossiês não a tenham descoberto. G. H.

em eterna escuridão, e todos os nele arremessados por transgressões na vida sofriam perpetuamente frio, fome, sede, insônia, tortura, visão de espetáculos cruéis, e eram obrigados a continuar vagando qual judeu errante.

"Os Maias também tinham seu céu ou paraíso. Era uma morada abençoada por um clima ideal, onde toda a vida vegetal e animal prosperava como em nenhum outro lugar deste planeta físico. As almas transladadas para este Elísio passavam seu tempo no que se pode chamar discussões platônicas do propósito da existência e da real natureza do supremo Deus. Depois destes labores, descansavam ouvindo música e deleitando-se com perfumes e outros prazeres.

"Este céu era presidido por quatro Bacabes, sendo uma espécie de anjo, cada um dos quais se sentava em um dos quatro pontos cardeais e era assistido por um dos Chaques, deuses do vento e da chuva. Os quatro Chaques eram de cores diferentes. O do Norte era branco, o do Sul amarelo, o do Leste vermelho, e o do Oeste preto.

"O submundo estava sob o governo de Abcatanas, cujo dever era cultivar a árvore sagrada com suas quatro raízes e quatro ramos. Aqui, como nas regiões celestiais, tudo era disposto aos quatro, devido possivelmente à noção dos Maias de que a Terra era um plano quadrado.

"Em Chicen-Itza, Hunab-Ku, o Supremo, está pintado como o deus de cujos olhos fluíam duas correntes de lágrimas, uma para sua direita e outra para a sua esquerda. Destas correntes nascia toda a vida da flora e da fauna. A interpretação geral disto é que Hunab-Ku está empenhado na criação como um ato de sacrifício ou sofrimento.

"No conjunto, o conceito maia da religião era desusualmente espiritual e refinado e isento por completo das vulgaridades do que veio a ser conhecido como religião dos Astecas, um povo similar vivendo contemporaneamente no Planalto de Anahuac; mais especificamente as tribos que então habitavam o vale do México.

"Os templos dos Maias lembram a estrutura dos Astecas em seu estilo principal, que era o santuário com base de pirâmide. Resta ainda saber se os Maias emprestaram este importante detalhe dos construtores das pirâmides, que deixaram nas ruínas de San Juan Teotihuacan, no vale do México, para contar sua história heroica; ou se eram o seu protótipo os restos dos Maias em Chicen-Itza".

O som destes nomes incomuns é muito interessante. Experimentando-os, concluí que têm um valor *mântrico* distinto[116]. Uma contínua repetição de alguns deles, com forte intenção de evocar seu possuidor, tem o efeito de atrair alguns destes Deuses e Deusas dos Maias. Aqui está um interessante campo de experiências para qualquer leitor que seja suficientemente sensível para saber como obter uma resposta a uma invocação dessa espécie, a qual, *entretanto, jamais deve ser feita sem um propósito definido e lícito*.

Os anjos dos Maias mostram uma aparência característica, lembrando seus rostos algo das estátuas dos Maias e Peruanos. Muitos deles parecem ter íntima afinidade com o Sol e com o culto solar. Kakupacat, por exemplo, parece ser um salamandra de grande poder e associado com o fogo solar residente no centro da terra, e também com o manifestado pelos vulcões. Kinichkakmo aparentemente representa o fogo da superfície e o elemento fogo em geral. Um ponto de interesse na consideração dos Deuses Maias é a referência aos quatro Bacabes dos pontos cardeais, com seus Chaques assistentes e cores simbólicas. Destes, o Deus do Leste era vermelho, o do Norte branco, o do Sul amarelo, e o do Oeste preto.

Os Devarājas

O Hinduísmo está repleto de informações relativas aos Deuses e aos métodos prescritos para a sua invocação. O nome hindu do *Devarāja*, ou Regente, do Leste é *Dhritarashtra*, o Senhor do Ar, e para Suas hostes subordinadas, *Gandharvas*, sendo branca a sua cor simbólica. Isto sugere o atributo de poder para o Leste, como na disposição dos Maias, que, em sua época mais recente, foi possivelmente contemporânea da primitiva ci-

---

[116] Um *mantra* é uma palavra ou sentença de poder cientificamente escolhida, por cuja pronúncia se podem produzir resultados mágicos e expansões de consciência.

vilização indiana. Os *Gandharvas* são os *devas* da música, corporificações do poder do som do "Verbo" criador. O nome hindu do *Devarāja* do Oeste é *Virupaksha*, o Senhor do Fogo, e Suas Hostes, Nagas, sendo vermelha a sua cor simbólica. O nome hindu do *Devarāja* ou Regente do Sul, é *Virudhaka*, o Senhor das Águas, e Suas Hostes são chamadas *Kumbhandas*, sendo azul a sua cor simbólica. O *Devarāja*, ou Regente, do Norte, é denominado *Vaishravana*, e também *Kuvera*, o Senhor da Terra, e suas Hostes são os *Yakshas*, sendo dourada a sua cor simbólica.

Segundo os Hebreus

Algumas tradições judaicas dizem que existem quatro Ordens ou Companhias de anjos, cada qual com um Chefe Arcangélico, sendo Miguel o da primeira Ordem, Gabriel o da segunda, Uriel o da terceira, e o da quarta Rafael. Os Querubins eram anjos do poder da fortaleza de Deus. Parecem ter estado associados com o Leste, ou como é denominado no Templo, com o Propiciatório. São Paulo, descrevendo os antigos ritos dos judeus em sua *Epístola aos Hebreus*, Cap. IX, 3 e 5, diz:

> "Mas depois do segundo véu estava o tabernáculo que se chama o santo dos santos... e sobre a arca os querubins da glória, que faziam sombra no propiciatório."

O Arcanjo Miguel, que é o Chefe Angélico do Raio do poder, parece ser o Governador dos Querubins, porque em *Gênese* III: 24, nos informam:

> "Ele pôs querubins no oriente do jardim do Eden, e uma espada chamejante, que girava por todos os lados para guardar o caminho da árvore da vida."

> "Ele pôs querubins no oriente do jardim do Eden, e uma espada chamejante, que girava por todos os lados para guardar o caminho da árvore da vida."

Os ensinos esotéricos dos hebreus, conhecidos como a Cabala, estão repletos de informações relativas às Hostes Angélicas. Na Parte III se fez referência a eles.

A Roda Gira

A evidência da realidade das Ordens dos Anjos e da cooperação com eles é assim oferecida pela similaridade das descrições encontradas em registros separados dos vários e antigos povos e raças do mundo. Desde aquela época, a humanidade entrou num ciclo em que predomina o desenvolvimento intelectual, o qual em seu primitivo estágio é destruidor da intuição e experiências místicas, e do qual só agora está emergindo. Quando, no presente ciclo, se iniciar a fase correspondente àquela em que ocorreu a comunhão entre os Deuses e os homens em ciclos anteriores, os anjos tornarão a ser vistos pelos homens e suas funções serão acessíveis a pesquisas científicas. Suponho que essa fase está agora se aproximando. Com efeito, sinais dela não faltam no mundo de hoje.

Em vinte anos de viagens pelo mundo, concluí que os anjos constituem realidades vivas para um número crescente de pessoas. Muitos estudantes da Filosofia Oculta regularmente invocam seu auxílio em curas e cerimônias no Templo, Igreja ou Maçonaria e em meditação com o fim de irradiar forças, bênçãos e paz espirituais sobre o mundo. À medida que progride a sabedoria ética e social do homem, a ele serão confiados conhecimentos mais profundos das forças, das leis e dos processos ocultos da Natureza. Na nova era de fraternidade e paz, cujo alvorecer, a despeito de muitos sinais contrários, pode ser percebido mesmo agora, há motivos para a esperança de que mais uma vez os anjos caminharão de mãos dadas com os homens.

Capítulo III

A Irradiação de Força

Projeção do Pensamento

Neste capítulo oferecem-se informações relativas aos meios pelos quais se podem evocar forças espirituais e mentais e, com a cooperação angélica, irradiá-las sobre o mundo. Tal conhecimento tanto pode ser usado para o mal como para o bem. Todo uso egoísta de força espiritual é mau. A atividade oculta para autobenefícios materiais, com o motivo deliberadamente escolhido de vantagens pessoais, é magia negra. A misérias é o resultado inevitável de sua prática. O emprego de forças espirituais e mentais para o bem-estar de toda a humanidade, sem o pensamento de recompensa, é magia branca e traz bênçãos para o mundo. Possam os leitores ser inspirados a usar de uma maneira todo impessoal, desapaixonada e exclusiva para o bem-estar da raça, o conhecimento transmitido neste capítulo.

A mente e o cérebro do homem são poderosas estações de rádio mentais. O pensamento não somente modela o caráter do pensador, mas também o de todos os receptores da radio difusora mental. A impressão produzida pelo pensamento do homem sobre o seu próximo ajuda a formar as características individuais e nacionais e influencia tanto o destino do homem como o progresso da civilização. Tão íntima e incessante é esta interação psíquica, que todos partilham das conquistas de cada um, enquanto que, ao mesmo tempo, poucos podem eximir-se completamente da responsabilidade da disseminada fealdade, crueldade e crime, que constituem a maldição deste planeta. Pois estes são produtos dos pensamentos[117] feios, cruéis e criminosos.

---
[117] Vide *Thoughts-Forms*, de A. Besant e C. W. Leadbeater, e *Thought Power, Its Control and Culture*, de A. Besant.

Quando pessoas se reúnem em grupos, aumentam o seu poder de influenciar mentalmente o pensamento, o caráter e a conduta dos outros. É óbvia a tremenda potencialidade para o bem dos grupos de dedicados e treinados servidores da raça, que se combinam para usar seu poder mental com propósitos beneficentes, pois tais grupos podem prestar serviços de valor incalculável. Nestes trabalhos, é de máxima importância a unidade de propósito e método. É essencial a existência e manutenção de perfeita harmonia entre os congregantes dos grupos, porque a discórdia se agravaria com a ação das forças geradas e evocadas. Há necessidade também de direção sábia e escolha cuidadosa tanto dos líderes como dos membros dos grupos de projeção de pensamento.

As ideias a serem projetadas precisam ser selecionadas com muito cuidado. Só as verdades incontestáveis e imutáveis podem ser emitidas com segurança, pois cada verdade contém atrás e dentro de si a sua própria força espiritual. Cada verdade filosófica é tanto uma força como uma ideia. O pensamento sobre uma verdade extrai a força dessa verdade. A projeção do pensamento pela afirmação mental e expressão verbal de uma verdade libera essa força. As ideias selecionadas para a projeção devem, portanto, ater-se pelo menos a três regras: têm de ser basicamente verdadeiras, não compulsórias (sendo enviadas somente como oferendas), e totalmente benéficas em sua influência. Além disso, para produzir o máximo efeito, hão de ser concebidas e afirmadas impessoalmente e com absoluta clareza.

Os membros dos grupos de projeção de pensamento necessitam, portanto, ser inclinados à espiritualidade, movidos tão somente por uma sincera aspiração de servir. Devem ser capazes de esforço impessoal em que eles não tenham nenhuma parte saliente, estando prontos a subordinar completamente suas personalidades tão logo seja designado um líder de confiança. Devem também ser capazes de clareza de pensamento, firme concentração e poderosa afirmação mental. Não devem ser mediúnicos; as pessoas indevidamente negativas e passivas são inadequadas para este tipo de trabalho. Ter visões durante a suposta meditação, reação a presenças, desejo de descrevê-las, interesse geral por psiquismo pessoal são desaconselháveis em membros de grupos organizados exclusivamente para atividades positivas e impessoais. Os membros devem também poder reunir-se regular e consistentemente para o trabalho em grupo, e manter silêncio, porque tais trabalhos perdem sua força quando discutidos indiscriminadamente.

A cooperação das Hostes Angélicas pode ser do mais alto valor em tais atividades. Ainda uma advertência precisa ser feita, porque há dois perigos. Um destes é o de que a fé nos anjos e as tentativas de cooperação com eles poderia degenerar em mera superstição e autodecepção. O experimentador deve estar sempre em guarda contra isso; sobretudo deve ser um realista, com uma mente rigorosamente prática. O outro perigo é que a acrescida força mental e os vislumbres das Inteligências cooperadoras poderiam produzir a ilusão do recebimento de favores pessoais e assim conduzir ao mal do orgulho. Impessoalidade e humildade perpetuamente mantidas são as salvaguardas contra o segundo perigo. Desde que as Hostes Angélicas são a corporificação da impessoalidade, é necessária a universalidade mental do homem para estar *en rapport* com elas. O homem só pode entrar no Reino dos Deuses à medida que universalize a sua consciência.

Os anjos estão associados com os aspectos de Poder, Luz e Vida da Natureza. Quando da Fonte Universal o Poder é invocado, e focalizado pela mente do homem numa corrente e depois dirigida impessoal e acuradamente para determinado campo, são propiciadas condições adequadas às Hostes Angélicas para as suas atividades naturais. Uma destas é conservar, dirigir e empregar como um "instrumento" a energia da eletricidade cósmica. Esta força pode ser puncionada e liberada nos níveis espiritual, mental e psíquico. A vontade e a mente do homem, conjugadas como na projeção mental, imprimem nesta energia uma característica mental e a dirigem para os campos escolhidos. À medida que a força prossegue em sua missão, precisa ser cuidadosamente conservada e acuradamente dirigida, a fim de produzir seu máximo efeito nas mentes receptivas.

Se a sua cooperação puder ser obtida, os anjos se associarão intimamente com esta corrente de força focalizada, irão protegê-la contra perda durante o trânsito e na rápida dissipação na chegada, e irão aplicá-la com a máxima eficiência. Clareza de pensamento e aguda concentração dos operadores humanos são, entretanto, também essenciais ao êxito.

Rituais do Sol

Em adição a este método de cooperação puramente mental, a postura, os gestos e movimentos do corpo, as cores e palavras empregadas com pensamento-vontade concentrado num cerimonial simples, podem, para certos temperamentos, facilitar o processo de colaboração com as Hostes Angélicas. Tais Rituais podem ser empregados para evocar forças beneficentes e distribuí-las sobre o mundo.

Recentemente umas trinta pessoas participaram deste método, na Nova Zelândia, ao ar livre. As senhoras vestiam flutuantes vestuários gregos, com longas mangas e com faixas e fitas na cabeça, coloridas segundo a natureza da influência a ser evocada e irradiada. Os homens vestiam-se de flanela branca e também usavam faixas cor laranja, azul, verde e rosa, em rituais de invocação e irradiação de força, pureza, cura e amor, respectivamente.

Os participantes marcharam num largo gramado e pararam voltados para o centro, em três círculos concêntricos, tendo no centro um braseiro flamejante. Iniciaram então cada um dos quatro rituais, dizendo juntos, lenta e compenetradamente:

"Eu me consagro como um canal do poder espiritual (de força, pureza, cura, amor, em sucessivas cerimônias) para o mundo. Eu saúdo as Hostes Angélicas.

Com os braços levantados acima da cabeça e os olhos voltados para cima:

"Reverentemente eu invoco o poder espiritual (força, pureza, cura, amor) de nosso Senhor o Sol. Eu invoco a cooperação das Hostes Angélicas.

Voltando-se para fora e descendo os braços até a posição horizontal:

"Possa o poder espiritual (força, pureza, cura, amor) fluir sobre o mundo".

Caminhando quatro passos para fora, os participantes, com a máxima concentração e em cooperação com as Hostes Angélicas, mentalmente dirigiram para o mundo o poder invocado. Depois os braços são abaixados para os lados, com as palavras:

"Paz, paz, paz".

Voltando-se para dentro, todos levantaram e juntaram suas mãos à altura da garganta, inclinaram suas cabeças e disseram em uníssono:

"Homenagem e gratidão à Fonte da Luz. Saudações e gratidão às Hostes Angélicas."

Abaixam depois as mãos e o Ritual encerra-se. Um dirigente marcou o tempo para todos os movimentos e a oração em coro, tendo sido ambos cuidadosamente praticados.

Estes Rituais se basearam nas ideias a mim sugeridas pelo anjo que inspirou meu livro, *The Angelic Hosts*. Os Rituais do Sol estão ali descritos como segue:

Para a adoração do Sol Espiritual não se necessita de outros templos senão os lugares livres e desimpedidos do mundo; as planícies e os topos das montanhas ensolarados; os vales formosos e campos abertos; as matas, prados e outeiros. Afastai-vos de toda a forma artificial e aproximai-vos do coração da Natureza. Reuni-vos, como o fazem os anjos, em grupos inspirados apenas com um único escopo – a adoração ao Sol. Marchai em processões imponentes, praticai Rituais, engajai-vos em danças alegres, cantai esplêndidas litanias, expressivas das glórias de Nosso Senhor o Sol. Colocados em círculos, em imitação de Sua gloriosa forma, levantai vossas mãos abertas para o Céu. Vertei vosso amor, vossa adoração e vosso louvor, reconhecendo-O como o Senhor de todas as vossas vidas.

Invocai a Sua presença, Sua Força e Sua Vida para o vosso meio. Construí, por vossa aspiração e pensamento unidos, um cálice para receber o vinho de Sua vida sempre fluente. Aquele vinho precioso encherá a taça, fluirá dentro de vossos corações e vidas, e vos saturará da força e do esplendor do Sol. Vossas almas serão iluminadas por Sua luz, vossas vontades serão submissas à Sua força, e vossos corações ficarão repletos e transbordantes de Seu amor.

Assim iluminados e refeitos, volvei vossos rostos para fora, estendei vossas mãos e, com a vontade concentrada, vertei a Sua força e a Sua bênção sobre o mundo. O círculo tornar-se-á como um sol; pois o Seu deslumbrante esplendor descerá entre vós, e raios fulgentes brilharão através de vós para abençoar, vivificar e pacificar todo o vosso mundo.

Com as vontades unificadas e os corações transbordantes, mentalmente inundai todo o vosso mundo com a força do Sol. Depois disso, volvei vossos pensamentos para o alto em gratidão e reverência à Fonte da Força. Encerrai o Ritual caminhando vagarosamente do centro para fora, formando, à medida que todos se movem juntos, o símbolo de Sua transbordante luz, vida e amor.

Graciosos vestuários flutuantes nas cores de Seu espectro podem ser usados, e seus usuários dispostos da maneira a Seus gloriosos matizes poderem melhor exibir-se. Podem-se formar figuras de compactos blocos de cor, compridas lanças retas, linhas mescladas e ligadas e arranjos circulares de tonalidades diferentes, imitando Seus raios. Artífices desenharão os vestuários e rituais. Músicos comporão música para os cantos, odes, hinos e litanias, escritos por poetas. Poderá assim o culto de Nosso Senhor o Sol ser mais uma vez estabelecido em vosso país e seu reino tornar-se manifesto entre as nações do mundo.

* * * *

A colaboração entre anjos e homens está também ordenada pelo seu anjo inspirador, em meu livro *The Brotherhood of Angels and Men,* onde está escrito:

> "Anjos e homens, dois ramos da família de Deus, podem ser atraídos para uma comunhão e cooperação íntimas, cujo principal propósito é elevar a raça humana. Com essa finalidade, os anjos, de sua parte, estão prontos a participar tão intimamente quanto possível em cada departamento da vida humana e em cada atividade humana em que seja praticável a cooperação. Todos os membros da raça humana que abrirem seu coração e mente aos seus irmãos angélicos encontrarão uma resposta imediata e uma convicção gradualmente crescente de sua realidade.
>
> "Conquanto os anjos não imponham condições nem restrições às atividades e ao desenvolvimento resultantes da cooperação, eles presumem que nenhum irmão humano os invocará para proveito pessoal e material. Eles pedem a aceitação do lema da Fraternidade (de anjos e homens) – O Mais Elevado[118] – e sua aplicação prática em todo aspecto da vida humana. Eles pedem aos que queiram invocar a sua presença desenvolver as qualidades de pureza, retidão e impessoalidade, e adquirir conhecimentos do Grande Plano pelo qual se mantém a marcha do progresso evolucionário da humanidade. Deste modo cada atividade humana se fundamentará nos ensinamentos e nas doutrinas daquela Antiga e Divina Sabedoria que sempre reinou suprema nos conceitos das Hostes Angélicas".

---

[118] Título do frontispício e de um capítulo da obra acima mencionada.

Parte V
Ilustrações

Introdução

A quinta parte deste livro consiste das admiráveis ilustrações da Senhorita Quail e de minhas observações sobre elas. Como as fez segundo minhas descrições, ela é somente responsável por sua execução, não por sua composição, cor ou forma.

A reprodução exata da aparência dos Deuses é, de fato, impossível por meio da tinta aplicada a uma superfície plana. Luz ou fogo colorido movendo-se em três dimensões seria necessário para produzir o efeito de intenso brilho, transparência, delicadeza, e a característica de constante movimento das formas radiantes e auras brilhantes dos Deuses. A despeito do cuidado especial e reiterada observação, é quase impossível a exatidão da descrição destes seres para alguém de minha limitada faculdade de clarividência. As mudanças contínuas nas cores e em sua disposição, na direção do fluxo das forças áuricas e nos variáveis modelos produzidos, tornam imensamente dificultosa a exatidão.

Pelo menos duas condições diferentes das auras dos Deuses são discerníveis; uma da expansão e outra da contração. Na expansão, a atenção é voltada para a Vida e a Mente divinas na Natureza. A aura é então grandemente expandida da forma central e frequentemente, também, de trás, em radiações tridimensionais, em forma de asas. Nesta fase, as forças componentes fluem em sua plena intensidade, o que produz um intenso brilho em toda a aura e um deslumbrante brilho nos vários centros ou rodas de força. Na contração, a atenção do Deus é dirigida para a fonte de toda Vida e Força. A aura torna-se então relativamente parada e muito reduzida em tamanho, com exceção das irradiações acima da cabeça, que podem aumentar tanto em dimensão quanto em brilho. Exemplos destas duas fases estão nas inclusas ilustrações correspondentes, conquanto a maioria destas represente a fase de expansão. A textura ou granido da aura é extremamente fina e, a despeito do esplêndido acabamento da Senhorita Quail, verificou-se ser impossível a sua reprodução perfeita. Há várias camadas de força dentro desta aura, cada qual com seu matiz e direção de fluxos próprios. O efeito geral é o de entrelaçada seda achamalotada, brilhantemente colorida, tridimensional, composta mais de forças fluentes do que de substância, e em constante movimento ondulante. Através deste, em muitos casos do interior para o exterior, estão continuamente relampagueando correntes de energia radiante, frequentemente brancas e de ofuscante brilho.

A direção do fluxo destas correntes áuricas é geralmente para cima e para fora dos centros de força no meio da cabeça, no supercílio, garganta e região do plexo solar. Contornando a forma, também há uma tênue radiação, usualmente de cor branca ou dourada. A cabeça está quase sempre coroada de forças em forma de chamas, fluindo para cima, que dão aos Deuses mais altamente evoluídos uma aparência de régio esplendor. Na maioria, as energias universais de que os Deuses são agentes e diretores descem de cima da cabeça e fluem através da aura, aumentando grandemente suas qualidades e brilho elétricos. Outras energias parecem surgir diretamente dentro do corpo e *chakras*, como que procedentes de dimensões mais elevadas. Co no já foi dito no começo, parece ser uma das funções dos Deuses transformar, no sentido elétrico, estas forças por meio da resistência oferecida por seus corpos e pela passagem através de seus centros de força. Dois dos resultados produzidos por este processo são a transmissão de força espiritualizadora para a substância dos planos inferiores da Natureza até o Plano Físico, e o prosseguimento de grandes correntes de energia "reduzida", para uso dos anjos e dos espíritos da Natureza, em suas várias tarefas nesses planos. A própria matéria torna-se então gradual e crescentemente mais carregada de espírito, e assim mais maleável e responsiva à consciência, e as formas da Natureza progressivamente se aproximam cada vez mais do ideal arquetípico.

Segundo a Filosofia Oculta, os Mundos ou Planos Superfísicos, que são as moradas dos Deuses, consistem de matéria de crescente rarefação de substância, indo desde o éter mais fino até a condição mais rarefeita e mais espiritualizada. São em número de seis e cada um deles tem seus próprios habitantes humanos e angélicos. Em termos de percepção humana, estes Planos podem ser chamados o emocional, o mental, o intuicional e o da vontade espiritual. Acima destes quatro, mas, no presente, muito além do alcance da percepção humana normal, há outros dois que serão penetrados por vindouras raças humanas, mais altamente desenvolvidas que as nossas.

Os Planos da Natureza, sete ao todo se se incluir o Plano Físico, e cada um consistindo de sete subplanos, interpenetram-se um no outro, cada plano mais sutil também se estendendo muito mais além da superfície da terra do que os abaixo dele em termos de densidade. São de duas ordens, chamadas os mundos da forma e os sem forma. Os mundos da forma, em uma classificação, consiste do Plano Físico, do Plano Emocional e dos quatro subplanos inferiores do Plano Mental. São assim chamados porque neles a forma predomina sobre a energia e o ritmo. Nestes mundos os corpos tendem a ser concretos e objetivos, de contornos relativamente bem nítidos, particularmente nos níveis físico e mental. Os mundos sem forma, que consistem
dos três subplanos superiores do Plano Mental e dos Planos da intuição e vontade, são assim chamados porque neles predominam a vida e o ritmo, e a forma é reduzida à sua essência ou Arquétipo.

As ilustrações representam Deuses habitando estes grupos de mundos. Nos mundos sem forma, onde as auras predominam sobre os corpos, aparecem como brilhantes centros de força, rodeados de fluentes energias de muitos matizes, quase encobrindo a forma interior. Nos mundos da forma é maior a sugestão da forma altiva ou bela. Por esta razão, as auras externas foram omitidas de muitas das ilustrações. Em todos os casos, deve-se lembrar de que os Grandes Deuses estão envoltos em extensas auras de muitas tonalidades brilhantes.

Ilustração 1
Um Espírito Natural do Mar

Tanto quanto minha experiência alcança, variações deste tipo de duendes do mar são comumente vistos deslizando-se na superfície dos oceanos e lagos no mundo. Relativamente pouco desenvolvido, o espírito natural do mar tem por enquanto forma pequena, ou nenhuma. Há nele uma cabeça rudimentar que é a sede da consciência, enquanto que uma corrente de força branca fluindo sugere um corpo e uma asa. Também se têm visto exemplares mais complexos com duas e até mais formas de asas.

Ilustração 2
Um Silfo do Mar

O espírito natural do mar evolui para o tipo de silfo aqui reproduzido. Este exemplar atingiu a individualização e, juntamente com incontáveis seres similares e diferentes, pode ser visto no ar, principalmente acima dos mares. O tamanho médio da forma central neste nível de evolução seria de dez a quinze pés.

Ilustração 1 - Um Espírito Natural do Mar

Ilustração 2 - Um Silfo do Mar

Ilustração 3
Uma Salamandra

Este quadro representa um espírito natural do fogo, tal qual o descrito na página 140.

Ilustração 4
Um Silfo da Montanha

Este é um dos muitos tipos de silfos não individualizados, que são comumente vistos no ar, acima da terra. Move-se rapidamente, com brilhante aura inferior fluindo sob forma de lindas asas, localizadas atrás e acima deles.

Estende-se além da forma e da aura aqui retratadas, e interpenetrando-as estão as radiações mais tênues, mostradas na lâmina, características de todos os membros das Hostes Angélicas. São geralmente ovoides, compostas de muitas tonalidades, e estendem-se diversas jardas por todos os lados da linda forma interna.

O silfo alaranjado está possivelmente associado com a vida-força solar, ou *prāna*[119], da qual a atmosfera está carregada, e que constitui a vitalidade de todas as formas orgânicas. O tamanho da figura central do silfo é de cerca de cinco pés.

---
[119] *O Duplo Etérico*, Arthur Powell, Editora Teosófica, Brasília, 2019. (N.E.)

Ilustração 3 - Uma Salamandra

Ilustração 4 - Um Silfo da Montanha

Ilustração 5
Um Senhor das Samambaias

Enquanto as Ordens dos Deuses construtores representam papéis de suma importância nos processos criativos solares e planetários, uma outra Ordem está relacionada com a evolução da consciência dentro da forma. Esta ministração da vida evolucionante no reino mineral é considerada na Parte II – Capítulo I. Árvores e florestas também recebem assistência similar; o conceito clássico da dríade das árvores se fundamenta em fatos. Quase todas as árvores adultas têm ligadas a elas, em adição a inúmeros espíritos naturais construtores, um espírito adiantado, ou um Deus que durante toda a sua vida permanece dentro ou enlaçado ao duplo astroetérico e à aura da árvore. A presença de um tal ser, mercê da constante atuação de seus pensamentos e energias áuricas, acelera grandemente a evolução da vida e consciência da árvore. Esses espíritos da Natureza e Deuses estão subordinados a seres mais evoluídos, encarregados de grupos de árvores do mesmo gênero, como se encontram nos grandes bosques, florestas e selvas.

Para facilitar a compreensão do efeito da presença de espíritos da Natureza e Deuses sobre a consciência dos reinos mineral e vegetal, imaginemos um recipiente de água parada, representando o grupo das consciências adormecidas do morro, montanha, planta ou árvore. Peixes dourados colocados neste recipiente com seus movimentos poriam a água em contínua movimentação, e este é em parte o efeito produzido sobre as consciências do mineral e da planta pela presença e atuação do pensamento e forças áuricas dos espíritos da Natureza e dos Deuses.

Estranhos espíritos da Natureza com cabeça de animal foram encontrados dentro dos troncos de samambaias adultas, nas selvas de algumas das montanhas da Malaia e Ceilão. Eram seres completamente primitivos, com pouca ou nenhuma percepção externa. Com efeito, davam a impressão de estar profundamente adormecidos. O crescimento e os processos reprodutores das plantas serão sentidos por eles como leves estímulos, porque eles crescem com as árvores, estando intimamente associados com a sua vida e consciência celulares.

O Deus da samambaia aqui reproduzido foi observado sobre a selva no distrito montanhoso de Ceilão, perto de Newara Eliya. Tal ser assiste à evolução da forma e ao desenvolvimento da consciência de um número enorme de samambaias. É interessante observar que os modelos formados pelo fluxo das linhas de força na aura deste Deus reproduzem dentro da aura algumas das formas de samambaias. Uma explanação é sugerida na descrição que acompanha as Ilustrações 13 e 14.

A forma central deste ser é de uns cinquenta pés de altura. A aura, entretanto, tem a capacidade de dilatação de pelo menos uma centena de jardas em todas as direções, e assim se expandia, quando vista pela primeira vez no ar, no alto, acerca de uma milha de distância. Na ilustração, a aura externa é omitida e a aura interna é mostrada na fase de sua contração, quando o Deus graciosamente adejou durante alguns minutos de comunhão mental. Tanto através da forma como da aura, correntes de força, presumivelmente provindas do Arquétipo das samambaias, operam descendentemente, em áreas sucessivas da selva, quando o Deus se movimenta acima de seu domínio e de ministros sob suas ordens.

Ilustração 5 - Um Senhor das Samambaias

Ilustração 6
Um Senhor dos Pinheiros

Este ser foi observado em associação com grupos de pinheiros mansos em Península do Cabo, na África do Sul. Como a ilustração mostra, o colorido e as linhas de força na aura interna – a externa está omitida – sugerem algo da folhagem agulheada do pinheiro. Notou-se que muitos pinheiros adultos tinham seu próprio Deus, semelhante ao aqui reproduzido, porém menor e inferior em evolução. A estatura deste Deus é de cerca de trinta pés.

Ilustração 6 - Um Senhor dos Pinheiros

Ilustração 7
Um Espírito Natural da Árvore

Esta árvore "Waringan", de dezesseis anos de idade, que se acha em um jardim em Madioen, na Ilha de Java, foi plantada pela dona de casa, que se tornou muito afeiçoada a ela, e a sentia ser um ente vivente e consciente, de quem, assegurou-me, recebia uma sensação amistosa e repousante.

Quanto eu tomava chá sob sua acolhedora sombra, apercebi-me da presença deste encantador espírito natural das árvores, ou dríade. Achei-o estar se aproximando da individualização, ou a evolução da alma grupal para a consciência individualizada[120], e também ciente da afeição da proprietária da árvore e responsivo a essa afeição, o que afetaria beneficamente o seu desenvolvimento. Este espírito da Natureza tinha aproximadamente cinco pés de altura.

---

[120] Para uma completa descrição deste processo, tal como ocorre no reino animal, vide *O Corpo Causal*, de A. E. Powell.

Ilustração 7 - Um Espírito Natural da Árvore

Ilustração 8
Um Deus Montanhês

Na página seguinte está reproduzido um Deus da montanha intimamente associado ao elemento ígneo. Foi observado na montanha de Loskop, perto de Harrismith, no Estado Livre de Orange, África do Sul. A notável disposição das forças áuricas e o colorido brilhante são únicos em minha experiência. Ambos estão bem reproduzidos neste lindo exemplar da arte de Senhorita Quail. A figura central, na ocasião da observação, estava parcialmente dentro da montanha e tinha uns cinquenta pés de altura. Uma bem extensa aura externa, aqui omitida, brilhava com tonalidades similares, porém mais delicadas.

Ilustração 8 - Um Deus Montanhês

Ilustração 9
Um Deus Montanhês

Este ser foi observado na Cordilheira de Drakensberg, Natal. Duas das mais surpreendentes características eram o notável efeito em forma de mitra produzido pela irrupção de forças do alto da cabeça e ombros, e os brilhantes centros de força em forma de quatro funis na região do plexo solar através dos quais fluíam forças que penetravam montanha abaixo. Os eixos dos funis girando rapidamente formavam uma cruz de braços iguais, que se uniam dentro da forma do Deus e apontavam para a frente, para trás, para a direita e para a esquerda. Nesta gravura está bem reproduzido o efeito da translucidez, característica de todos os Deuses. No processo, entretanto, a impressão do tremendo poder do Deus e da passagem através dele em alta voltagem de potentes energias do alto, e também do brilho e radiação, talvez não esteja apanhada tão adequadamente como em outras ilustrações.

Observando este Deus durante dias sucessivos, lembrei-me sempre da visão de Ezequiel[121]. Algumas correntes em sua aura estavam dispostas em forma de asas para o alto, muito mais tridimensionais do que qualquer ilustração poderia sugerir. Os *chakras* recebiam e comprimiam as energias descendentes, que eram dirigidas pelo interior da montanha abaixo. A forma central neste caso tinha pelo menos sessenta pés de altura, sendo um dos mais majestosos e esplêndidos membros desta Ordem de Hostes Angélicas que eu já tive o privilégio de contemplar.

---

[121] *O Livro de Ezequiel*, Capítulo 1.

Ilustração 9 - Um Deus Montanhês

Ilustração 10
Um Deus Montanhês

Este Deus também foi observado na Cordilheira de Drakensberg, em Natal, presidindo a região conhecida como o "Anfiteatro em Mont Aux Sources". Mais de uma vez tinha percebido a evidente semelhança de tipos e aparências nos vários Deuses de uma cordilheira de montanhas. A comparação com a Ilustração 9 revela a semelhança entre dois Deuses da cordilheira de Drakensberg. Em ambos, as irradiações semelhantes a asas e os centros de força vortiginosos ou "rodas", intensamente brilhantes, são características comuns, realmente notáveis. O Deus é mostrado na fase de expansão, as asas áuricas expandindo-se pelo menos meia milha de um cume a outro, enquanto que o fluxo das energias que descem tem uma extensão muitíssimo maior. Nesta gravura está incluída parte da aura exterior. A forma central tem pelo menos sessenta pés de altura.

Ilustração 10 - Um Deus Montanhês

Ilustração 11
Um Deus Montanhês

Esta gravura representa o Deus que preside uma cordilheira de montanhas, e que foi observado no alto, acima de um dos picos das montanhas dos Hotentotes, na Província do Cabo da Boa Esperança, África do Sul. À medida que eu observava e fazia minha descrição à artista, o fluxo descendente de força era tão grande e tão brilhante que quase encobria a forma e aura do Deus. As principais cores mostradas eram alfazema, dourada e branca, ao passo que a forma central do Deus e a aura que imediatamente a circundava brilhavam naquelas tonalidades com uma radiação ofuscante, quase impossível de reproduzir. A irrupção da força ígnea e dourada acima da cabeça era particularmente brilhante, emprestando ao Deus a aparência de majestoso Rei *deva*, cingindo uma coroa de chamas. Em todos os casos de direção dévica de energias naturais, por mais prodigiosa que seja a emanação de forças, o Deus dá sempre a impressão de completo domínio das energias fluindo através e ao redor dele. A figura central tem pelo menos oitenta pés de altura.

Ilustração 11 - Um Deus Montanhês

Ilustração 12
Um Deus Montanhês

Este Deus foi observado em um dos picos da Cordilheira "Table", na Península do Cabo da Boa Esperança, África do Sul. Evidentemente tem estreita afinidade com o elemento ígneo. Esta gravura somente mostra a aura e forma internas em fase de contração, durante a qual está atraindo para si o poder ígneo universal, dirigindo-o em uma corrente concentrada, como uma energia estimuladora, para a vida e consciência do mineral subjacente na montanha embaixo.

As correntes em fluxo ascendente acima da cabeça foram ampliadas em um formato de taça ou concha de chamas, atingindo grande altura nos céus. Energias ígneas atuavam neste cálice áurico, do qual passavam através da forma em grandes lençóis, correntes e relâmpagos para a atmosfera circundante e a montanha embaixo.

Na fase de expansão, o Deus apresentava a aparência mais magnificente. As forças áuricas assemelhavam-se a línguas de fogo atingindo centenas de jardas em todas as direções, como se ele permanecesse de pé em meio de uma poderosa conflagração. A figura central tem cerca de sessenta pés de altura.

Ilustração 12 - Um Deus Montanhês

236 - GEOFFREY HODSON

Ilustração 13 e 14
Um Deus Montanhês

Este Deus foi observado na Província do Cabo da Boa Esperança, perto de uma saliência conhecida como "Castle Rock", bem acima do Jardim Botânico de Kirstenbosh. Aparentemente, o estabelecimento do Jardim nesta área ofereceu-lhe oportunidade de estender suas operações além da consciência e formas do mineral e arbustos da montanha, até as de muitas plantas floridas, silvestres e cultivadas. Pois, ao estudá-lo para o fim destas gravuras, percebi que sua linda aura de cor de alfazema verde estava frequentemente superdilatada, em um grande impulso de força para incluir todo o Jardim.

A energia criadora, fluindo através da aura do Deus, produz dentro dele as formas geométricas mentais nas quais se fundamentam os tipos de plantas e flores. Esta especialização e intensificação explanadas na Parte I, Capítulo III, aumentam a capacidade produtora de formas, da força e pensamento criadores universais. Os *devas* das plantas e os espíritos da Natureza recebem igualmente estas forças, especializando-as depois e aumentando o seu poder para reproduzir na matéria etérica e física as formas vegetais concebidas pela Mente Superior.

Os Grandes Deuses e seus subordinados individualizados executam este trabalho deliberada e autoconscientemente, como servidores da Vontade Una. Os espíritos da Natureza servem instintivamente em resposta aos impulsos naturais para eles, fortalecidos na ocasião por seus *devas* superiores. Os ultramicroscópicos construtores e os espíritos da Natureza maiores executam de todo inconscientemente sua parte neste processo criador. Eles brincam com e entre as energias criadoras e as formas que produzem primariamente na matéria etérica. Todavia, sua brincadeira é toda proposital, embora estejam desapercebidos do fato, pois seus movimentos cortam linhas de força no éter com as quais delimitam as áreas e os centros moleculares, e a posterior formação celular. Todos estes processos e atividades ocorrem no interior da consciência do Deus que as preside.

A segunda gravura, de perfil, mostra, em parte, a disposição das energias áuricas internas do Deus da Montanha, cuja estatura é de cerca de sessenta pés. A aura externa está omitida.

Ilustração 13 - Um Deus Montanhês

Ilustração 14 - Um Deus Montanhês

Ilustração 15
O Deus de uma Cordilheira Nevada

Nesta ilustração, tentou-se retratar o segundo dos dois Deuses da Serra Nevada na Califórnia, mencionado na Parte II, Capítulo I.

A fim de mostrar a disposição concêntrica, o colorido e a brancura ofuscantes da esfera exterior, fez-se um corte transversal no centro da aura.

A forma *dévica* tem aproximadamente cinquenta pés de altura.

Ilustração 15 - O Deus de uma Cordilheira Nevada.

Ilustração 16
Um Deus de Paisagem

Este grandíssimo ser é o *deva* que preside em uma área de Província do Cabo da Boa Esperança, na África do Sul, abrangendo muitos milhares de milhas quadradas. Está estacionado no alto, acima da região imediatamente ao norte do Deserto de Karoo, estendendo sua esfera de influência até a costa, onde em determinados promontórios estão estabelecidos *devas* de paisagem. As forças naturais do Polo Sul e continente antártico fluem em direção norte, para a África do Sul, e sem dúvida para outros continentes no Hemisfério Sul. Estes Deuses dão assistência tanto ao desenvolvimento da forma como ao despertar da consciência no reino animal do deserto, das planícies e montanhas de sua região e ao mesmo tempo conservam e dirigem as forças procedentes do Polo.

Deuses embaixadores eram também percebidos movimentando-se entre a Antártida e a África do Sul, enquanto que outros mantinham relações entre o Deus aqui pintado e os das montanhas, selvas, dos desertos e das planícies do Norte. Muitas vezes tenho percebido a operação de um sistema de intercomunicação *dévica* mantida por Deuses itinerantes, que visitam os estacionados em importantes regiões continentais do globo.

Como se mencionou na Parte II, Capítulo II, recebi provas da existência de um elevado Deus planetário, de paisagem, tão poderoso que podia manter toda a Terra dentro de sua consciência, um Rei *deva* do mundo físico. Também observei a irradiação do centro da superfície da Terra para o espaço interplanetário, de energias naturais muito poderosas. Além disso, do Sol e dos planetas, e possivelmente, do espaço externo, grandes forças atingem o globo como se a Terra estivesse sendo sujeita a um perpétuo influxo de forças. Movimentando-se entre estas forças intercambiadas, planetárias e extraplanetárias, veem-se Deuses do poder, semelhantes a engenheiros dévicos. Como no caso do Deus de paisagem, aqui pintado, parece que eles são responsáveis pela recepção, especialização e reencaminhamento destas energias. Este Deus tem no mínimo cem pés de altura, enquanto que suas forças áuricas têm a capacidade de se estender a uma distância de muitíssimas milhas.

Ilustração 16 - Um Deus de Paisagem

Ilustração 17
Um Deus do Filão de Ouro

Na Parte I, Capítulo III, se encontra uma exposição dos processos criadores em que o ouro é tomado como exemplo e se descrevem os Deuses do Ouro. Esta ilustração, embora seja uma reprodução exata da minha descrição, sugere muito da feminilidade humana. As energias descendentes, criadoras do ouro, os brilhantes pontos dourados ou centros de força do ouro, estão, não obstante, bem pintados. A extensão lateral das auras destes Deuses era menor que a comum. A extensão vertical, de outro lado, era imensa, atingindo de uns duzentos pés de altura no ar até, pelo menos, a mesma distância embaixo da superfície do solo, enquanto que a real força produtora do ouro prosseguia atuando até o veio, em alguns casos a seis mil ou mais pés de profundidade.

A figura central era desusualmente pequena para uma tal extensão áurica, sendo neste caso de pouco mais de oito ou dez pés de altura. O Deus que preside o Filão de Ouro tem, entretanto, altura colossal.

Ilustração 17 - Um Deus do Filão de Ouro

Ilustração 18
Um Deus do Oceano Pacífico do Sul

Este magnífico Deus do oceano foi observado na costa do sul de Java. Parece ser o *deva* governador da grande área do Oceano Pacífico que se estende de Java à Austrália. No nível mental superior é relativamente sem forma como aqui reproduzido, ainda que a forma desusual, embicada, oval, produzida pelas correntes fluentes de suas forças áuricas, fosse claramente discernida. Como mostra a ilustração, grandes correntes de força que descem sobre este Deus do mar são comprimidas dentro de sua aura e depois derramadas no oceano abaixo.

Estas forças são criadoras e energizantes. Todos os modelos atômicos e moleculares, e das formas da vegetação marinha e de peixes e suas escamas, são em parte produtos destas energias descendentes e criadoras. O Deus do mar também dirige poderosas correntes de energias estimuladoras para a consciência encarnada em cada átomo da água marítima e nas formas dos reinos mineral, das plantas marinhas e dos peixes.

Este ser está subordinado a outro Deus mais elevado, responsável por todo o Oceano Pacífico, e este, por sua vez, a um Vice-Regente do Deus planetário do mar, que executa funções similares (e sem dúvida muitas outras que eu ainda desconheço) para a vida e consciência dos oceanos e do mundo. O Deus aqui apresentado é da mesma forma assistido por inúmeras hostes de subordinados em uma escala descendente em estatura evolucionária, o mais avançado dos quais tem aparência semelhante à sua.

Nos níveis mental inferior e emocional, estes Deuses assumem forma concreta e operam em pares opostamente polarizados. Assim, embora não haja sexo no Reino dos Deuses, a aparência masculina ou feminina do *deva* e *devi* é às vezes sugerida conforme a polaridade preponderante. Abaixo destes em evolução estão os espíritos da Natureza marítimos não individualizados, abaixo dos quais vêm os seres primitivos reproduzidos na Ilustração 1.

Sob os mares, diferentes tipos de Deuses e de espíritos da Natureza existem para ser observados. Às vezes tenho visto imensos monstros etéricos semelhantes a baleias, flutuando a esmo nas grandes profundidades. O Reino do Mar é certamente um império densamente povoado. É presidido principalmente, parece, de cima da superfície – por um ser muito elevado, o Deus planetário do Mar.

Ilustração 19
Um Deus do Oceano Pacífico do Sul

Acidentalmente, o *deva*, que foi retratado na Ilustração 18, desce ao mundo das "formas", assumindo ali uma forma definida, semelhante à que se vê na gravura. Assim visto, parece algum esplêndido Deus do Mar da mitologia clássica, deslizando-se sobre as ondas em um barco em formato de concha.

As curvas fluentes da aura lembram as de uma concha e são sem dúvida parcialmente produzidas pela passagem através do Deus de energias criadoras expressivas do pensamento ou Arquétipo divino em forma de concha. Nos mundos superiores, o Deus é de imensa estatura; no inferior, a forma central tem uns trinta pés de altura.

Ilustração 18 - Um Deus do Pacífico Sul

Ilustração 19 - Um Deus do Pacífico Sul

Ilustração 20
Um Anjo da Música

A verdadeira música é uma expressão física, temporária, do som do sempre-proferido "Verbo". Durante todo o Dia Criador, o Grande Alento é exalado no Grande Abismo, que responde qual uma harpa eólica de miríades de cordas vibrantes. À medida que a Noite criadora se aproxima, o Grande Alento é inalado. Daí em diante reina o silêncio no Grande Abismo.

As Mônadas dos seres vivos são sopros no Grande Alento, Quando, ao alvorecer do Dia Criador, a Voz fala pela primeira vez, os inumeráveis alentos menores contribuem para compor as notas do acorde criador, que é o "Verbo". Quando, na Véspera criadora, a Voz silencia, as vozes menores se extinguem. Desde então impera o silêncio na face do Abismo.

Assim, atrás e dentro dos Universos materiais subsiste o som criador, aquela sinfonia de que as formas da Natureza são uma expressão física. O "Verbo" em si existe em duas fases, a pré-Cósmica e a Cósmica, a silente e a expressa. Quando "proferido", o Verbo cria e libera as harmonias mais divinas, e sobre estas, como Arquétipos dinâmicos, é construído o Universo.

Quando a única Voz criadora começa a falar, as dez Inteligências divinas, os Arcanjos dos Sephiroth, os primeiros manifestados Senhores da Luz, ouvem e expressam perfeitamente o "Verbo". Este, como som criador, eles o transmitem por todo o Universo recém-nascido. Daí em diante, as miríades de Hostes do *Logos* recebem e reexpressam a música do "Verbo" em mundos de crescente densidade.

Assim se estabelece o Reino da Música, cujos cidadãos são os Eus Espirituais dos anjos e dos homens. Neste Reino, vastas hostes de Arcanjos e anjos reecoam as harmonias do "Verbo" criador, desta maneira auxiliando na construção das primeiras formas arquetípicas geradoras do som. Cada um destes seres está em perpétua ressonância com os acordes e as notas componentes do tema básico do Universo, de sua ideia matriz.

Os sublimes Arcanjos primeiro incorporam e ressoam as gloriosas harmonias do "Verbo", que são depois retransmitidas aos seus sucessores imediatos na Ordem hierárquica. Daí esta música admirável desce através de ordens sucessivas de seres brilhantes, até atingir os mundos inferiores da forma. Ali, também, os Senhores Angélicos dos reinos mental e emocional reecoam o "Verbo" criador. Anjos menores e seus irmãos mais jovens, os espíritos da Natureza, respondem à canção, e por meio deles o mundo material mais denso é construído segundo o "Verbo".

Um Anjo da Música, ou Ghandarva, como é conhecido no Hinduísmo, está aqui pintado, não como um retrato, e sim, como um tipo de música celestial, mostrando-se apenas a sua forma interior. Veja a ilustração na página seguinte.

Ilustração 20 - Um Anjo da Música

Ilustrações 21 e 22
Um Anjo Cor-de-Rosa

As seis ilustrações seguintes retratam anjos que se acham mais associados com aspectos da consciência divina do que com correntes de Vida-Força criadora e com os reinos mineral e vegetal da Natureza. Os anjos cor-de-rosa, tais como o aqui reproduzido, podem ser concebidos como encarnações da sabedoria e amor divinos, qualidades que os põem em íntimo contato com os Eus Imortais ou Egos dos homens. A associação com tais seres é, com efeito, um privilégio, e sua cooperação no serviço da humanidade pode ser do mais alto valor.

A segunda ilustração é um ensaio de retrato. O retoque mostra os vários centros de forças. Veem-se da cabeça irradiando de um centro comum para o alto, através do topo da cabeça, e para frente, através dos olhos. Como foi exposto nos parágrafos iniciais desta quinta parte do livro, nenhum processo estético, mesmo habilmente usado, tem possibilidade de transmitir a delicadeza, a cintilante irradiação, a transparência que contribuem para o efeito geral de brilho intenso e superna beleza que caracterizam as Hostes Angélicas. Isto é especialmente verdadeiro quanto à etérea e irradiante encarnação angélica de amor divino, retratada nestas duas ilustrações. A aura ampla e cintilante de predominante cor-de-rosa, carmesim e dourada, foi deliberadamente omitida das duas ilustrações a fim de que a graciosa forma central, normalmente um tanto velada por ela, possa ser claramente vista.

Quando, na execução de certos Rituais da Franco-maçonaria e dos descritos na Parte IV, Capítulo III, a força e a influência do amor divino são invocados e transmitidos ao mundo com o auxílio angélico, os anjos desta Ordem provavelmente responderão à invocação. Este anjo cor-de-rosa tem uns doze pés de altura.

Ilustração 21 - Um Anjo Cor-de-Rosa

Ilustração 22 - Um Anjo Cor-de-Rosa

Ilustrações 23, 24 e 25
Três Anjos Curadores

Estas ilustrações reproduzem três tipos de anjos empenhados no seu ministério curador. O método geral consiste em primeiro dirigir correntes de energias purificadoras para e através da aura do paciente, a fim de desfazer as congestões nos corpos etérico e emocional, principalmente, e expulsar as substâncias nocivas. Depois eles reafirmam o acorde ou "Verbo" do indivíduo, usualmente discordante na psique durante a moléstia, e procuram restaurar o fluxo harmonioso e rítmico das Energias vitais internas através da natureza mental, emocional e física. Por último, invocam a divina força que, através de suas auras e diretamente de sua Fonte, flui para os pacientes, afetando-os local ou genericamente, ou ambos, conforme as necessidades do caso.

Tais ministrações são muito mais efetivas quando o homem conscientemente as invoca e coopera com os anjos curadores. Um eficiente método de cura espiritual com a cooperação angélica consiste em manter o pensamento concentrado no Senhor Cristo[122], o Grande Curador do Mundo, reverentemente penetrando Sua presença em pensamento e procurando tocar "a orla da Sua roupa", o que significa a orla de Sua consciência. O paciente é então trazido mentalmente à Sua presença, sendo visualizado como em radiante saúde e inundada toda a sua Natureza com a áurea, cintilante e curadora da Vida de Deus, tal como é reproduzido nestas ilustrações. A prece seguinte, ou outra similar, pode ser depois proferida, com poderoso intento e uma pausa entre cada sentença:

---

[122] Os seguidores de outras religiões substituirão aqui os nomes em suas Religiões para a Fonte de Vida e poder curadores, seja universal ou individual, solar ou planetário. Os budistas e hinduístas podem decidir, por exemplo, invocar a ajuda do "Senhor Maitreya, o Supremo Instrutor dos Anjos e dos Homens, o Bodhisattva.

"Possa o poder curador do Senhor Cristo descer sobre (nomes e sobrenomes de batismo dos suplicantes selecionados). Possam envolvê-los os anjos curadores.

Depois de uma pausa de alguns minutos, durante os quais o pensamento é forte e reverentemente centralizado no Senhor Cristo, em Seu vertido poder curador e nos anjos curadores, pode-se encerrar a meditação com as palavras:

"Possa a luz de Seu amor envolvê-los para sempre. Amém."

Supõe-se que os anjos curadores continuem a ministrar sua função durante pelo menos vinte e quatro horas depois de tal invocação. A prática regular deste método ou outro semelhante, rapidamente demonstrará a eficácia da cooperação angélica na cura espiritual. Os que dela participam são advertidos contra o emprego da vontade pessoal a fim de obter resultados desejados. Uma vez invocado o poder curador, sempre com a mais absoluta fé, os resultados deverão ser deixados ao *Karma* e às necessidades evolucionárias do indivíduo. Quando há forte desejo de que algum ser amado seja curado, a submissão à Vontade Divina e à grande Lei deverá ser expressa em palavras como: "segundo a Vontade de Deus" ou "como for melhor para ele".

O ocultista aprende a trabalhar sem pensar em resultados. Como foi dito na Parte IV, Capítulo III, em circunstância alguma deverá ele usar sua força de vontade e conhecimento oculto para obter pela força benefícios pessoais e materiais para si ou para outros. Isto seria magia cinzenta, senão negra, como o erro em que caiu Judas vendendo o seu Senhor por trinta moedas de prata. Como Judas pereceu por sua própria mão, assim todos os que caírem no mesmo erro estarão em perigo de uma forma de suicídio espiritual.

Ilustração 23 - Um Anjo Curador

Ilustração 24 - Um Anjo Curador

Ilustração 25 - Um Anjo Curador

Ilustração 26
Um Anjo de Java

Um notável Santuário Budista, conhecido como o Borobudor, foi construído na Ilha de Java há uns oitocentos anos. É uma imensa estrutura de pedra, com cenas da vida do Senhor Buda lindamente gravadas nas paredes de suas quatro grandes galerias. Este Santuário tornou-se um lugar de peregrinação e é considerado por muitos como um centro de força espiritual. As investigações revelam a presença de um muito elevado Anjo presidente, conservador e distribuidor das forças do Santuário, fonte de potentes energias espirituais que fluem pela Ilha de Java e mares circundantes.

O tamanho da figura central regula de doze a quinze pés, porém no caso de um Ego que atingiu o Adeptado como homem e depois se transferiu para o Reino Angélico, o tamanho do corpo não é indicação de estatura espiritual.

Ilustração 26 - Um Anjo de Java

Ilustração 27
Um *Deva* da *Kundalinī*

Sob um ponto de vista, *Kundalinī* – também chamada de o Fogo Serpentino – é o poder de dar ou transmitir Vida, *Prāna* – fisicamente conhecido como vitalidade – é o poder que organiza a Vida. *Fohat* – fisicamente conhecido como eletricidade – é o poder de usar e manipular a Vida. Estas três energias cósmicas dos Terceiro, Segundo e Primeiro Aspectos do *Logos*, respectivamente, estão presentes como energias animadoras de todas as substâncias em cada plano da Natureza. *Kundalinī* é a última energia oculta neste Universo, a energia que carrega um Universo de Vida, de Espírito; é descrita como a Vontade e a Mente, o próprio Eu, de Deus. Esta energia suprema está em todas as criaturas. Quando encerrada no homem, é chamada *Kundalinī*, ou a energia que se move sinuosamente; daí sua outra denominação de Fogo Serpentino. No homem está cuidadosamente encasulada, porém ele precisa aprender a libertá-la; pois é o Deus nele, sem o qual o homem cessaria de ser.

Kundalinī é essencialmente criadora, e embora até agora apenas ligeiramente desperta, com todas as outras forças e poderes da Natureza, está representada no corpo físico do homem. Neste período de evolução humana, ali ela se manifesta como a fonte do impulso sexual e do fluido nervoso. Reside, tal qual serpente enrolada, localizada na "roda" ou *chakra* sacro, na base da espinha dorsal, e é uma estação retransmissora da energia também enrolada no centro da Terra, a qual é, por sua vez, reservatório de *Kundalinī* solar.

Quando completamente desperta, seja pelo *Yoga* ou como resultado natural do progresso evolucionário, *Kundalinī* ascende por um canal etérico na medula espinal, chamado *Sushumnā nādi* passando em seu curso por todos os demais *chakras*. À medida que passa através dos centros espinais em que existem os *chakras*, algo de sua força flui pelo eixo do funil de cada um, vivificando-o ocultamente e assim despertando o indivíduo para a percepção autoconsciente nos mundos superfísicos.

Quando *Kundalinī* atinge o centro esplênico, dá o poder de viajar à vontade no Plano Astral, enquanto fora do corpo físico. Quando toca e abre o centro cardíaco, as forças da consciência *Búddhica* ou Crística no homem, residente no veículo da intuição[123], se suficientemente desenvolvidas, começam a fluir através do neófito no nível físico, e a "rosa mística" – no *chakra* do coração – "brota" em seu peito. Os poderes da consciência Crística – o conhecimento da unidade de vida, percepção espiritual intuitiva direta, sabedoria e profunda compaixão – começam então a manifestar-se através do pensamento, palavra e ação. O centro laríngeo, quando vivificado, outorga o poder de clariaudiência, ou o de responder a vibrações sonoras superfísicas, bem como aos sons físicos que estão além do alcance da audição normal. O centro frontal, quando ocultamente vitalizado, propicia a faculdade de clarividência, e quando o *chakra* coronário é aberto, o neófito adquire as faculdades de usar as percepções superfísicas enquanto ainda desperto no corpo físico, e de deixar e retomar o corpo à vontade, sem qualquer interrupção da consciência.

À medida que *Kundalinī* sobe ao *Sushumnā nādi*, é acompanhada por duas forças complementares, uma positiva e a outra negativa. Cada uma destas flui ao longo de seu próprio canal na medula espinal, às vezes chamado respectivamente, pingala e ida, embora estes nomes também sejam dados às próprias forças. Estas duas forças *akáshicas*[124], opostamente polarizadas, se reúnem e se cruzam em cada um dos *chakras*, à medida que sobem, e finalmente penetram, uma na glândula pituitária, e a outra na pineal, cada uma das quais, em consequência, se torna hipersensitiva[125]. Elas funcionam de certa forma como as válvulas ou amplificadores de uma

---

[123] Vide *Man and His Bodies* e *The Soul and Its Vestures*, A. Besant, e *Man, Visible and Invisibele*, C. W. Leadbeater.

[124] *Akasha*, em sânscrito, a essência espiritual sutil, supersensitiva, que preenche todo espaço; um quinto elemento ou princípio na Natureza, até agora não descoberto pela ciência física; o éter dos antigos; o *substratum* e causa do som. Vide Glossário Teosófico, de H.P. Blavatsky, *Akasha, Azoth* e *Kundalinī*.

[125] Vide *Os Chakras*, de C. W. Leadbeater, Editora Teosófica, Brasília, 2020; *The Science of Seership*, Geoffrey Hodson, Rieder and Co.

estação de rádio, tornando assim a consciência dentro do cérebro apta a captar as forças superfísicas e tornar-se perceptiva de fenômenos superfísicos. Com efeito, o sistema cérebro-espinal do homem, quando ocultamente vivificado, assemelha-se, em muitos aspectos, a um aparelho televisor.

Uma diferença, entretanto, é que as emissões superfísicas são projetadas na tela da mente-cérebro e são percebidas clarividentemente. A plena manifestação destas faculdades ocultas durante a consciência desperta demanda um treino longo e árduo, e depende da completa vivificação das glândulas pituitária e pineal por meio de *Kundalinī* e suas forças complementares.

Nos caminhos seguidos por estas três correntes, reconhece-se o caduceu, o bastão do Deus Hermes, consistindo de uma vara em que se acham duas serpentes enroscadas, e uma esfera alada coroando o símbolo. *Kundalinī*, subindo pelo *Sushumnā nādi*, é representado pela vara, e as energias fluindo por *ida* e *pingala* são representadas por duas serpentes, enquanto que a esfera alada simboliza em parte a alma humana liberta, que despertou e aprendeu a utilizar estes poderes ocultos. Com efeito, um homem tal se torna um Hermes, um mensageiro do Céu à Terra, pois ele se projeta livre nos mundos superiores para trazer aos homens o conhecimento e a sabedoria desses reinos. Finalmente, ele também resgata ou liberta Perséfone, símbolo da alma humana, do submundo ou limitações normais impostas a ela durante as horas de vigília pelo corpo físico não vivificado ocultamente.

Como todas as energias básicas da Natureza, *Kundalinī* é a manifestação de uma Inteligência, um Arcanjo real, embora de natureza além da compreensão humana. A ilustração representa, em parte, um vislumbre inesperadamente obtido durante a passagem pelos estágios preparatórios que precedem a meditação. Primeiro se viu um caduceu de vivo, intenso e ígneo poder, ligando a Terra ao Sol. Completando isto, pareceu-me tornar-me consciente de uma Inteligência Solar ou *deva* de *Kundalinī*, semelhante ao aqui retratado.

Ilustração 27 - Um *deva* da *Kundalinī*

Ilustração 28 e 29
O Milagre do Nascimento e A Mãe do Mundo

Durante as investigações da vida pré-natal[126], constantemente me apercebia da presença e ministração de certos tipos de anjos que assistiam ao processo dual da construção de novos corpos, mental, emocional, etérico e físico, e da indução neles do Ego reencarnante. Embora eu não o tivesse compreendido naquela época, presentemente cheguei à conclusão de que durante o arco involucionário ou descida à encarnação de cada ciclo da vida, estes anjos exercem para cada indivíduo uma função muito semelhante à desempenhada pelos *Pitris*, os chamados ancestrais do homem, ocultamente referido às vezes como as Hierarquias Satânicas[127].

Um estudo destes anjos os mostrou como agentes de uma grande Inteligência que preside e dirige todos os processos maternais da Natureza. Os ensinos da Filosofia Oculta relacionam este Ser com o Aspecto Feminino ou Maternal da Deidade, de que Ela é uma manifestação e representante.

A matéria em si, substância universal ou *prakriti*, é a arca ou a matriz onde todos os mundos estão em gestação; da qual tudo nasce e à qual tudo retorna. A verdadeira Mãe do Mundo é esta substância primária de um Universo, quando diferenciada da raiz da matéria ou *mūlaprakiti*, pois ali jazem as sementes de todas as coisas vivas bem como as forças conservadoras e reprodutivas.

Quando a diferenciação ocorre ao alvorecer do Cosmos, após a noite do Caos, os três Aspectos da Trindade primordial – o Criador, o Preservador e o Transformador – tornam-se automanifestos e criadoramente ativos. São então representados por sublimes e divinas Inteligências, Poderes ou Emanações, os mais elevados produtos de *Manvantaras* precedentes, cujos corpos são "da essência da superior luz divina". Inteligências dessa natureza, quando emanadas da substância-raiz, dirigem o curso da evolu-

---

[126] Parcialmente descrito no livro de Geoffrey Hodson *O Milagre do Nascimento*. Editora Teosófica, Brasília, 2012. (N.E.)
[127] Vide Parte III, Capítulo V, "Os Sephiras Inversos e o Problema do Mal".

ção sob Lei imutável. Não são Seres segundo a concepção da mente humana. Constituem tanto a Tríade Sephirotal mais elevada como os Sete que d'Eles procedem, ou melhor, o Espírito atrás de cada um dos Três. Talvez possam ser descritos como a Própria Alma da Própria Alma do Universo.

O Princípio cósmico maternal está universalmente manifesto, e todos os seus atributos conservadores e reprodutores estão ativos em toda a Natureza. Fisicamente se expressa tanto como polaridade química negativa, quanto como feminilidade de todo o mundo orgânico. Está ativo dentro de cada simples célula como em cada organismo multicelular. Sem ele nada poderia ser concebido nem nascer, nada preservado, nada reproduzido. Superfisicamente, o Princípio maternal tem igual importância. Para o homem, é o Invólucro Áurico, a *arca* da Alma Espiritual, o *Augoeides* ou Corpo Causal, a matriz gestatória do Iniciado, o Adepto, o futuro *Logos*.

Todas as nações têm reconhecido, honrado e adorado este Princípio maternal da Natureza. Todas as suas religiões exotéricas o têm personificado como uma Deusa, uma Mãe Arcangélica de Universos, raças, nações e homens. Estas personificações da Mãe do Mundo se encontram entre os mais nobres conceitos da mente humana, a qual, ao criá-los, reverenciá-los e servi-los, atinge seu mais alto grau de idealismo, devoção e autoexpressão religiosa. Tal reverência, tal devoção e tal adoração, como as que são oferecidas à Mãe do Mundo, são, portanto, merecedoras do mais profundo respeito, e à parte a superstição grosseira – a ser sempre repelida – pode ser utilmente encorajada. Pois, através da devoção humana, os seres humanos podem ser atingidos do alto. Através da aspiração, do mais elevado amor e súplica humanos, o homem se torna receptivo tanto ao seu Eu Espiritual como às influências dos Adeptos Ministrantes da humanidade. A Madona ideal, por exemplo, tem sido e ainda é de valor incalculável na consolação, purificação e enobrecimento da humanidade. Através desse ideal, uma realização de Amor Materno de Deus se tornou acessível a milhões de pessoas sofredoras e cheias de aspiração.

Os conceitos de Kwan Yin, Isis, Ishtar, Parvati e outras Deusas se fundamenta igualmente na existência, natureza e função do mesmo Ser grandioso. Talvez por ser eu cristão e serem também cristãos os casos por mim examinados, as formas do tipo Madona aqui pintadas apresentavam-se à minha mente.

A Mãe do Mundo planetário é concebida em certas escolas de Filosofia Oculta como uma altamente evoluída Representante e Incorporação Angélica do Aspecto Feminino da Divindade. Ela é também concebida como um Oficial Adepto do Governo Interno do Mundo, em que todas as mais elevadas qualidades de feminilidade e maternidade brilham em sua mais completa perfeição.[128]

Estando Ela além de toda limitação da forma, nenhuma ilustração pode realmente representá-La. Na Ilustração 28, em forma de uma Madona, Ela e Seus anjos ministrantes aparecem em íntima associação com uma mãe e seu futuro filho, ao aproximar-se a hora do nascimento. A Ilustração 29 A retrata simbolicamente em Seu aspecto solar, planeando em amor divino sobre todos os mundos.

Com uma reverente saudação a Ela, a Rainha dos Anjos, termino este estudo ilustrado das Hostes Angélicas.

---

[128] Vide: *The World Mother as Symbol and Fact*, C.W.Leadbeater.

Ilustração 28 - O Milagre do Nascimento e a Mãe de Mundo

Ilustração 29 - O Milagre do Nascimento e a Mãe do Mundo

L'ENVOI[129]

"Os Deuses aguardam a reunião consciente da mente do homem com a Mente Universal. A Humanidade acorda lentamente. Cegados pela matéria durante séculos, poucos homens até agora percebem a mente dentro da substância, a vida dentro da forma.

"Em busca de poder e riqueza, os homens têm percorrido toda a terra, penetrado as florestas, escalado os picos e conquistado as vastidões polares. Deixai-os agora procurar dentro da forma, escalar os cumes de sua própria consciência, penetrar as suas profundidades, em busca daquele Poder e Vida internos, os únicos pelos quais podem tornar-se fortes em vontade e espiritualmente enriquecidos.

"Aquele que assim abre sua vida e mente à Vida e Mente Universais imanentes em todas as coisas, unificar-se-á com Elas, e a esse os Deuses aparecerão".

---

[129] *L'envoi* é uma expressão poética francesa, significando "Dedicatória". (N.T.)

Uma Visita de Retorno a Borobudor (em 1971)

Minhas anteriores visitas, ao grande Santuário Budista de Java, revelaram a presença do magnífico Anjo tutelar, preservador e distribuidor da força do Santuário e fonte de poderosas forças espirituais que fluem pela Ilha de Java e oceanos circunvizinhos. A altura da figura central é de aproximadamente 4 ou 5 metros mas, no caso de um Ego que atingiu o Adeptado como homem e depois se transferiu para O Reino Angélico, a dimensão do corpo não constitui indicação de estatura espiritual.

A afabilidade e a generosidade dos amigos de Sourabaya possibilitaram-me nova visita em janeiro de 1971. Conquanto, naquela época, particularmente não estivesse pensando nesse grande Ser, distante o nosso grupo uns 10 km do Santuário, ainda uma vez senti a presença tutelar e a força de *Devarāja*[130]. Consequentemente, compreendi que de nenhum modo sua influência se limita à região imediata do Santuário, mas em diferentes graus se espraia por *Java* e pelos oceanos e ilhas distantes. Além disso, poderosos raios de força espiritual cintilam em diversas direções rumo aos mundos hiperfísicos, como, até certo ponto, está assinalado numa ilustração no meu livro.

Tendo, juntamente com o nosso pequeno grupo, chegado ao cimo do Santuário, pedi, em meditação tão profunda quanto pude fazê-la, que, se possível, me fosse dado receber o ensinamento que o Grande *Devarāja* se dignasse conceder-me... Pouco a pouco, de sua mente para a minha começou a fluir uma corrente de ideias concernentes à vida, força e consciência do Universo e sua autoexpressão como anjos e homens. Todavia, esta descrição do processo não é rigorosamente exata, visto que, durante tal comunicação, o sentido de dualidade fica reduzido ao mínimo. Ou melhor, dois centros de consciência, o do grande anjo e o meu próprio, se tornaram quase que coexistentes, formando provisoriamente um "ser" interno produzido pela corrente de ideias. Creio ser isso essencialmente verdadeiro

---

[130] *Devarāja,* Rei Angélico.

em todos os intercâmbios que ocorrem acima do nível da mente formal, e particularmente nos níveis da Sabedoria e da Vontade espirituais. Nesta última, supõe-se que a dualidade virtualmente desapareça e só subsista a unidade interior mais íntima.

Os *Devarājas* e os *devas*, cuja consciência e ser estão estabelecidos nos mundos *Arūpa*, acham-se inteiramente livres de quaisquer restrições de localização, mesmo da ideia de que pouco ou nenhum lugar possam ter nos superiores planos *Manásico*, *Búddhico* e *Átmico*. Quando, portanto, alguém se refere a um *Arūpa deva* pelo nome de uma localidade ou centro no Plano Físico, tal denominação pode ser tão incorreta quanto enganosa, especialmente se ela sugere limitações espaciais que restrinjam a consciência estabelecida em níveis onde não podem existir tal ideia nem a localização espacial.

Pode-se indagar: como é então admissível que alguém associe um *Arūpa deva* com um lugar ou um consagrado Santuário existente no Plano Físico? Uma breve dissertação sobre o objetivo da Cosmogênese talvez possa auxiliar nosso entendimento, ou, ao menos, responder parcialmente à pergunta. Todos os *Logoi* Criadores, significando Emanadores de Universos, podem ser concebidos como os que, voluntariamente, fazem um sacrifício que, em sua plenitude, está além da compreensão humana.

A atemporalidade, no sentido de absoluta liberdade de limitações temporais, e o infinito, no sentido de absoluta liberdade de limitações espaciais, ou mesmo os mais estranhos conceitos sobre ambos, podem ser encarados como parcialmente superados tanto pelos *Logoi* Criadores como pelos Chefes das Hierarquias das Inteligências Criativas que coparticipam com os *Logoi* nos processos de manifestação objetiva dentro do tempo-espaço DAQUELE que é eterno e infinito.

Exemplo disto é o *Arūpa deva* que, de acordo com os planos de involução e evolução e de seus Dirigentes, aceita utilizar lugares especialmente escolhidos na Terra como centros por meio dos quais as forças de que ele é o agente possam alcançar o mundo das formas assim como a Vida em evolução dentro das restrições da forma. Sugiro que o próprio grande

Devarāja de Borobudor possa ser visto como alguém que há muito tempo se associou ao grande Santuário com essa finalidade. De modo algum o *Devarāja* se acha limitado a essa parte ou lugar particular na superfície do planeta Terra, mas voluntariamente aceita qualquer limitação a fim de desempenhar as funções que lhe foram determinadas ou que ele aceitou.

Consistem tais funções, em parte, em sujeitar a matéria, e particularmente a matéria física, ao impacto rítmico e à interpenetração de forças cuja alta voltagem o *Devarāja* "reduziu" dos níveis superiores. Ao longo dos tempos e de maneira gradual, esta passagem da energia através da substância que lhe reduz a inércia bem como a resistência da matéria ao Espírito, à vida em evolução e à espiritualização da consciência.

Concluo que a segunda função seja reduzir o grau de impenetrabilidade ou resistência ao Espírito nas camadas ou nos subplanos superiores da matéria de cada um dos planos da Natureza. À medida que as épocas passam, tais barreiras são gradualmente e mais facilmente penetradas pela consciência. É este um dos resultados da energia ou "força propulsora" dirigida pelo *Deva* para a substância dos planos *Rūpa*.

Uma terceira função consiste na submissão da vida interna e em evolução à recepção e passagem por ela de energias que gradualmente a "desperta" para a crescente sensibilidade interior e exterior e respectivas respostas, pelas quais se aceleram os processos evolutivos. Esta terceira função é particularmente mais útil à vida em evolução nos reinos orgânicos do que nos inorgânicos, muito embora toda a Natureza seja estimulada e sua evolução acelerada pelas Hostes Angélicas. Assim, o "*Devarāja* de Borobudor" pode ser concebido como de dimensão evolutiva planetária ou terrena e de modo algum como limitado em sua consciência ao grande Santuário.

Tais são, em parte, os pensamentos que me vieram à mente quando meditava no cimo de Borobudor.